T0147048

Un verdugo

llamado

Temor

Del Pastor **J. Antonio Massi**

Para:_____

Un verdugo llamado Temor

Ministerio Restaurando la Familia

J. Antonio Massi

Número de Control de la Biblioteca del Congreso de EE. UU.:   2020907878
ISBN: Tapa Blanda   978-1-5065-3242-4
                   Libro Electrónico   978-1-5065-3243-1

Información de la imprenta disponible en la última página.

Fecha de revisión: 08/05/2020

Para realizar pedidos de este libro, contacte con:
Palibrio
1663 Liberty Drive, Suite 200
Bloomington, IN 47403
Gratis desde EE. UU. al 877.407.5847
Gratis desde México al 01.800.288.2243
Gratis desde España al 900.866.949
Desde otro país al +1.812.671.9757
Fax: 01.812.355.1576
ventas@palibrio.com
813297

Índice

Dedicatoria

Con amor y agradecimiento grande por su compañía desde mi inicio en el ministerio cristiano, por sus incontables palabras de estímulo en momentos de desánimo y por su esfuerzo en tiempos difíciles de la vida, dedico este libro a mi esposa,

YAJAIRA J. MASSI

Quien es una mujer con un gran discernimiento que nos ha servido de sostenimiento en momentos de riesgo y asechanzas, demostrándome a través de los años que es un don de Dios para ver lo que no se puede con los sentidos naturales, que seas bendecida por Dios en tus anhelos profundos y que la gracia de Dios siga capacitándote para momentos como lo que vivimos.

Con gran amor, buenos deseos y anhelos a mis hijos

JOAN DAVID y RAQUEL CAROLINA

Que las capacidades que poseen sean usadas a favor del Reino de Dios en esta tierra, a sus respectivos cónyuges Gloria y Darius, por formar parte de esta familia para hacerla crecer;

Y con gran entusiasmo y expectativas por nuestro primer nieto ya en camino y pronto a nacer, a quienes sus padres le han escogido el nombre de

DREYSON ANTONIO

Que el Dios dador de la vida te bendiga en todo.

Reconocimientos a un verdugo llamado temor

En el principio cuando el hombre le falló a Dios, el primer sentimiento que incubó en su corazón fue el temor. Desde entonces vivimos en un mundo que cada día se vuelve más difícil vivir en él.

Necesitamos un fundamento firme y sólido, con buenos principios y valores que nos ayuden a sobrevivir. Este libro que tienes en tu mano es una herramienta que te ayudará en este peregrinaje de la vida para vencer ese Verdugo del Temor. Muchas gracias Pastor J Antonio Massi por dejar plasmado en este libro su conocimiento y sus años de experiencias. Se que será de mucha bendición para para el presente y nuestras próximas generaciones.

Pastor Johnny Escobar
Ministerio La Gran Comision Internacional Harvey, LA USA

Podemos asumir que este libro es un guía que desvela al "Temor" y nos capacita de cómo enfrentarlo a la manera de las Escrituras Bíblicas; para poder ser vencido.

Pastor Victor Gómez.
Iglesia Una Esperanza Viva
Nashville, TN USA.

Éste libro será una herramienta excelente, muy oportuna para la época posterior a la pandemia del COVID-19. El temor ha sido uno de los grandes enemigos de la humanidad y una de las armas más eficaces que Satanás ha usado a lo largo de la historia. Si ponemos en práctica las verdades bíblicas expuestas en este libro, podremos ser libres de este gran verdugo y entonces vivir todo el propósito de Dios en nuestras vidas. Es mi oración y confianza que cada creyente que lea este libro reciba el poder que nos da el Espíritu Santo para vivir en el perfecto amor, el que vence el temor. La perspectiva divina de cada creyente es que somos más que vencedores; se habrá equivocado Dios? Claro que no! Usted puede vencer el temor! no se deje dominar por un verdugo al que usted puede vencer.

Pastor Alain López
Iglesia Hispana de Brandon y Presidente de la fraternidad de Ministros FRAME.

"En momentos de tantos incertidumbres como los que estamos enfrentando, necesitamos más que nunca aferrarnos a la Palabra de Dios y a Sus promesas. Este libro nos reta a confrontar nuestros temores, ofreciéndonos soluciones bíblicas y prácticas para vencer con valentía todo lo que amenaza nuestra Fe".

Pastor Enrique Pérez
Iglesia La Senda Antigua Tampa, FL USA

El pastor Antonio Massi es un gran escritor y comunicador de la palabra de Dios, su mensaje y escritos siempre han sido de gran edificación y su nuevo libro un verdugo llamado temor, contiene un mensaje importante para el tiempo presente cuando muchos estan sufriendo por un comun enemigo, el Temor.

Lo recomendamos grandemente para poder vencer este verdugo llamado temor.

Pastor Reinaldo Guerra
Primera Iglesia de Dios.
Providence, R.I. USA

A través de este extraordinario libro, el Pastor J Antonio Massi nos lleva a un recorrido de experiencias propias de como actua el temor y como vencerlo desde la perspectiva espiritual. Un libro justo a tiempo para el momento que vivimos. Estoy seguro que muchas personas necesitan ser libres de los temores que día a día los atormentan. Se dice que un barco no se hunde por el agua que tiene a su alrededor sino por el agua que le entra, asi pasa con los temores, si les abrimos las puertas de nuestras emociones y pensamentos,ellos entraran y se fortaleceran con el tiempo. Un libro directo y desafiante para este tiempo.

Pastor Federico Tranfa
Centro Cristiano de Avivamiento Rey de Reyes.
Madrid, ESPAÑA.

La Palabra de Dios dice que el Temor es un espíritu, influencia que tiene atormentada a muchas vidas. Estoy segura que la iluminación sobre el tema en este libro, traerá luz y liberación a muchos cautivos.

Pastora Yajaira J. Massi
Restaurando la Familia Ministries
Dover, FL USA.

Introducción

El tener que enfrentar dificultades en la vida y como vencerlas debería ser una materia o asignación de estudio en cualquier carrera o profesión que elijamos. Las cosas no salen siempre como las queremos o como las imaginamos y debido a eso debemos ser entrenados y capacitados para las demandas que la vida nos hace en cada una de esas situaciones que no estaban dentro de nuestra agenda. Mientras escribo este libro hay dos situaciones que quiero mencionar como parte de las dificultades que no teníamos en mente hace sólo días y horas, la primera a nivel mundial y la segunda en el área centro de los Estados Unidos de Norte America. Aquí les menciono la primera: EL COVID–19 o más comúnmente llamado EL CORONAVIRUS, que comenzó en el país asiático de China, específicamente en la ciudad de Wuhan, los primeros anuncios lo presentaban como algo exclusivamente de ese país y parecía que iba a ser como el Ebola, que no iba a trascender de ese lugar, sin embargo ya hoy mientras escribo estas líneas se ha propagado a Europa, especialmente al Norte del País de Italia y ya la propagación nos deja ver que se reportan varias muertes por este virus en diferentes países del mundo. Hay alarma de que podamos estar al borde de una pandemia. La segunda situación que quiero mencionar es en los Estados Unidos, en el Estado de Tennessee y especialmente en la ciudad de Nashville y sus áreas cercanas, sorpresivamente mientras muchos dormían un tornado con fuertes vientos de más 120 millas se formó allí y destruyó muchas edificaciones y con más de 20 perdidas de vidas humanas. Esto nos demuestra que la vida y sus momentos difíciles vienen tomados de la mano. Ahora, esta gran verdad sobre la vida y sus dificultades puede llevarnos a que las perdidas sean mayores debido al gran TEMOR que se produce dentro de los pensamientos de muchas personas, llevándolos a imaginar escenarios que roban la paz y producen a la hora de dormir tanta preocupación que no permite que el sueño pueda ser restaurador.

Mi propósito al escribir este mi 4to libro, es que usted descubra que EL TEMOR es un gran mentiroso, pero habla tan convincente que debilita a la verdad. Ahora tal vez se pregunte: Cuál verdad? Le respondo, la verdad de las promesas y el cuidado de DIOS sobre nosotros. DIOS el Creador de todo lo que existe, El dador de la vida, quien nos ama y nos conoce a la perfección, repetidamente en su libro, La Biblia, escrito para que nosotros lo podamos conocer a Él nos dice "no teman" "no tengan miedo". Uno de los pasajes más conocidos sobre esta verdad es el de Isaias 41:10 "NO TEMAS, PORQUE YO ESTOY CONTIGO; NO DESMAYES, PORQUE YO SOY TU DIOS QUE TE ESFUERZO; SIEMPRE TE AYUDARÉ, SIEMPRE TE SUSTENTARÉ CON LA DIESTRA DE MI JUSTICIA. Felizmente, Dios tiene un plan mejor para nuestras vidas y nos ha dejado un manual de instrucciones practicas para ayudarnos a vencer los diferentes temores y permitirnos ser instrumentos en sus manos para ayudar a otros. Las instrucciones de Dios para nosotros al ponerlas en acción producen los resultados que nos ha prometido. Así que, en los capítulos que forman parte de este libro me dispongo a mostrarle como poder atravesar el "valle de sombra y de muerte" sin permitirle al verdugo del TEMOR que lo deje postrado y vencido en el camino. Trabajaremos juntos para descubrir cuales son las situaciones que más generan temor en usted, cual son los orígenes de temor en su vida, buscaremos identificar al TEMOR por su nombre y a trabajar con armas espirituales para ser fortalecidos, poder ajustarnos y controlar las situaciones en un plano de reposo, debido a que el Señor Nuestro Dios Todopoderoso está a nuestro lado y a nuestro favor.

De manera que abundaremos sobre este tema en todo este libro, quiero invitarle a que renuncie a todo pensamiento que se apodera de usted debido a lo que escucha y se decida a tomar armas espirituales para un problema espiritual, en los capítulos que siguen quiero guiarle en un recorrido de verdades bíblicas, probadas en muchas vidas incluyendo las nuestras, descubriremos no solo las razones que originan el sentirse atemorizado sino también las instrucciones para enfrentar esas situaciones y con gran seguridad poder tener victoria, así que haciendo esto juntos, vamos a derrotar a ese VERDUGO LLAMADO TEMOR.

J Antonio Massi.

MARZO 2020.

Capítulo Uno

Una época de gran temor

Jamás llegamos a imaginar una situación tal y como la estamos viviendo mientras continúo escribiendo este libro. Para este momento ya las informaciones del COVID-19 o CORONAVIRUS, que inició en el continente asiático en Diciembre del año pasado, ya hoy es una pandemia mundial, más de 150 países reportan que en sus habitantes hay personas contagiadas.

A finales del mes de Febrero las cifras de proyección parecían exageradas y hoy debido a las medidas tomadas para detener el contagio estamos en cuarentena, también llamada aislamiento social, medidas de emergencia, y muchos slogan tomados para ayudar a la población, slogan como "quédate en casa", "seguros en casa", "sin salir de casa", y los medios de comunicación televisivos con sus periodistas y reporteros diciéndonos "aquí desde nuestra casa le reportó....". Algo sin precedentes.

Tengo que admitir que nunca imaginé que un virus invisible al ojo humano, un enemigo microscópico pudiera paralizar al mundo, si, no es exagerado decirlo así, el mundo paralizado, las líneas aéreas, las temporadas de diferentes disciplinas deportivas suspendidas hasta nuevo aviso, los eventos musicales y aún las reuniones de cultos espirituales en templos, prohibidas como medidas de protección, además los supermercados grandes de cadenas muy conocidas limitando el ingreso de personas a grupos pequeños, servicios cristianos de adoración y predicación bíblica solo trasmitidos por internet, redes sociales anunciando quédense en casa y adoremos juntos online, algo jamás imaginado, pareciera una película Hollywoodense, pero no, no es una película, es una realidad que usted y yo hoy somos testigos. Ahora la pregunta puntual es: En qué terminará todo esto?. Es allí donde cobra significado el propósito de este libro que he titulado UN VERDUGO LLAMADO TEMOR, y es que debido a esa pregunta se producen muchas conjeturas, he podido leer, escuchar audios y ver videos de personas profesionales y expertas en diferentes ramas como los médicos en virología, profesionales farmacéuticos, expertos en comportamientos de conducta humana en medio de una pandemia y otros más, compartiendo sus opiniones y que al prestarle atención nos damos cuenta que son opuestas en sus puntos de vista una de otra, y no podemos ocultar que eso nos genera más incertidumbre, además, se agrega a que hoy las redes sociales nos permiten ser oídos por muchos y entonces aparecen las voces de personas sin ninguna experiencia que les califique para compartir sus juicios en masa, dando sus veredictos y generando más confusión. Y no tengo ninguna duda que todas esas voces nos alimenta un gran temor que puede ser tan dañino para nuestra salud, como lo es el contagio del virus corona. Y por si esto fuera poco, esa incertidumbre no solo es en el área de la salud, debemos reconocer que también la sociedad está atemorizada por un colapso económico, tan es así que el gobierno de los Estados Unidos de America (USA) se ha visto inhabitado solo en pocas semanas por las peticiones de ayuda por desempleo, reconociendo el gobierno públicamente que sus plataformas de peticiones de ayuda online no se han dado ha vasto. Hay un gran temor hoy por el futuro de la economía mundial; y para agregar más leña al fuego, tenemos que mirar la dudas qué hay en cuanto a la seguridad, debido al aumento del terrorismo en sus diferentes áreas. La época que vivimos tanto en Estados Unidos de America e internacionalmente es de gran temor. He podido escuchar a altos líderes internacionales hablar con buenas intenciones, tratando de tranquilizar a la sociedad pero sus rostros reflejan ansiedad e inseguridad. Hay temor por todos lados, nuestro mundo está siendo asolado por la gran inestabilidad, creando, lo queramos admitir o no, una oleada de temores, temores y más temores.

En medio de este tenebroso escenario aparece la gran pregunta entre creyentes cristianos bíblicos y aún por incrédulos, preguntándose si nuestro mundo tal y como existe hoy está llegando a su fin. Las revelaciones de las profecías bíblicas se están cumpliendo?

En mi opinión personal, que discrepa de muchos de mis amigos y compañeros de ministerio cristiano, pienso que el escenario se presta para creer que si, pero mi tema en este libro no es la escatología (Estudios teológicos de eventos futuros) sino enfrentar a nuestro enemigo espiritual que saca ventaja de todo este panorama, aumentando los pensamientos de temor en toda la población. Que podemos hacer nosotros en medio de todas estas realidades mencionadas (pandemia, terrorismo, colapso financiero, narcotrafico, corrupción, etcétera)?

Por favor únase conmigo en este momento para pensar en el Eterno DIOS, El Creador del mundo y todo lo que en el existe, el Autor y el Dador de la vida, que habita en los cielos y sus ojos miran la tierra (Porque los ojos de Jehová contemplan toda la tierra, para mostrar su poder a favor de los que tienen corazón perfecto para con él.... 2 Crónicas 16:9 RVR1960) y que es él primer interesado en todo lo que ocurre a su creación, si, Nuestro Dios creador del universo está atento a todo lo que acontece y es por eso que me animo a decirle con una gran convicción bíblica que todos los sucesos que mencionamos son reales, pero también sabemos la otra realidad y es que Nuestro Dios mira la tierra y su poder está disponible para proteger y guardar a los que confiamos en él. No olvide es él Creador y su creación no está sola, pues los ojos del Eterno, del creador están atentos a todos los eventos. Tan real como los acontecimientos que nos agobian, es también el poder de Dios a favor nuestro.

Le invito a que si el lugar donde está se lo permite repita estas palabras: "Señor y Dios, tu eres mi seguridad". Repítalo en sus pensamientos, pues él nos ha dado esa promesa, él ha dejado escrito en su manual de vida para nosotros, la Biblia, que es su palabra, en el libro de los salmos en el capítulo 46 y el versículo 10: "Estad quietos, y conoced que yo soy Dios; Seré exaltado entre las naciones; enaltecido en la tierra." Lo puede leer conmigo y recibirlo en su ser interior "enaltecido en la tierra". Respire profundo, cierre sus ojos y adore al Señor Nuestro Dios con sus propias palabras. Comience a experimentar lo que sucede cuando la fe se enciende en los corazones de los que le creen al Eterno Creador. Reciba su paz, y repose en la seguridad de su cuidado.

Algo más escrito por el monarca y sabio Salomón: "Confía en el SEÑOR de todo tu corazón y no en tu propia inteligencia. (Prov. 3:5).

Capítulo Dos

Vayamos a la definición. Que es temor?

Usted está durmiendo, son las 3 de la madrugada, hay un silencio total, y repentinamente un pequeño ruido al fondo de su casa le despierta, no tiene seguridad si fue real, mientras permanece en su cama con gran atención sobre lo que pudo suceder, de nuevo, escucha un ruido que pareciera ser de alguien que camina hacia dentro de la casa, su corazón comienza a latir más fuerte, sin prender la luz intenta mirar en medio de la obscuridad fuera de su habitación para tratar de identificar la razón del ruido, de nuevo un ruido se repite, ahora proviene cercano al área de la cocina, los latidos de su corazón aumentan al punto que usted siente que producto de su agitación, que por los latidos tan fuertes de su corazón le puedan escuchar que usted esta allí; no sabe que hacer, si encender las luces o mantener su atención al máximo en esa total obscuridad, ahora percibe el movimiento de algo que no identifica con claridad pero que parece ser la ropa de alguien que está moviéndose lentamente y el sonido nuevamente le confirma que no es su imaginación, entonces decide hacer lo que piensa que es lo más sensato en ese escenario tan extraño, se arma de valor y decide encender las luces, mira ahora fijamente hacia el lugar de donde percibe el movimiento, y al hacerlo descubre que es la tela de la cortina moviéndose debido a que por olvido se dejó un poco abierta la ventana y ahora con la claridad identifica que el ruido proviene del refrigerador que está sonando por un desperfecto en su sistema de hacer hielo. Ahora su capacidad de imaginación es sacudida por la realidad que la luz le permite ver.

ESO ES TEMOR. Ha experimentado algo similar a esta situación? Entiende claramente esa sensación que le hace sentir que su corazón va a explotar? Le quiero dar la bienvenida al club del temor.

Para decir que es temor y saber algo que nos ayude a identificarlo, primero quiero decirles lo que no es temor o por lo menos no el temor al que llamo verdugo. Hay expresiones que usamos que parecieran definir lo que es temor, por ejemplo, usted está reposando o cómodamente sentado en su sillón hablando con un familiar y en la conversación usted escucha a la persona decirle "ay, tuve una corazonada!" y poniéndose la mano en el pecho le deja saber que sintió algo extraño, a eso le llamamos presentimiento, corazonada, tal vez sospecha y luego, al rato se olvida esa impresión y continúa la conversación; eso no es a lo que quiero referirme en este libro, cuando estamos hablando de temor, no me estoy refiriendo a algo esporádico, que llega y se va en un corto espacio de tiempo, no es la corazonada, no me refiero a un pálpito, a un presentimiento repentino y de corta duración, no, yo quiero identificar y ayudarle con el temor. Entonces que es el temor? Quiero definirlo para que le sea útil poder trabajar sobre él. Defino a el temor como una sensación que quita la tranquilidad, llevándole a creer que algo malo va a acontecer y de seguro va a ser a usted. Eso es temor, no es algo temporal, es constante, al acostarse, mientras está en su cama tratando de dormirse, al levantarse, cuando escucha las noticias, mientras conduce su auto, en diferentes momentos y eso le ocasiona en su silencioso mundo interior un sentimiento negativo y a muchos le lleva a perdida de control en diferentes situaciones.

Supe de una mujer cristiana que fue al medico y después de unos exámenes de salud, le informaron que tenía cancer, era un día Jueves, y no pudo dormir horas seguidas hasta el día Lunes, no pudo comer bien, pues sentía que los alimentos se atoraban en su garganta, hasta que fue ayudada a tomar la situación de una manera diferente. Piense conmigo en esto, vamos a imaginarnos que esos resultados de sus exámenes no se le hubiesen dado ese Jueves sino el día Lunes, 4 días más tarde, estoy seguro que hubiera dormido tranquila y además comido sin ninguna dificultad. Estoy convencido que el temor tiene un efecto sobre nuestros sentidos al punto que nos hace ver una realidad distorsionada, esa hermana cristiana a la que menciono, de no haber recibido la noticia ese día sino unos días más tarde hubiese estado tranquila, aunque ya el cancer estaba en su cuerpo, solo que no lo sabía, entonces es claro para nosotros que el temor hace su aparición a través de eventos o palabras que nos hacen creer que los resultados serán fatales, que nada bueno saldrá de esto, y aún síntomas que no se sentían comienzan a sentirse aunque no sean reales. He podido escuchar a personas decirme que han estado tan pendientes de los síntomas de como identificar el COVID–19 o al virus corona, que han empezado a sentirlos unos detrás de otros sin haber estado expuesto a algún riesgo de contagio, luego descubren que el temor le está influenciando sus sentidos.

Lamentablemente, gran parte de los seres humanos no hemos tomado en cuenta que muchas de las razones por la que se experimenta temor es debido a información que llevan a nuestros sentidos a reaccionar, los sentidos nos llevan a sacar conclusiones que nos lleva a preparamos a esperar que lo peor está por pasarnos a nosotros. Esto es tan real que puede llegar a crear pánico en situaciones de la vida diaria. Usted viene de camino a casa y observa que hay varios carros de la policía con sus luces de colores parpadeando, ve un camión de bomberos sonando la sirena, que es lo primero que piensas en ese momento? Posiblemente pienses que un familiar tuyo tuvo un accidente y te llenas de pánico como si fuese ya una noticia confirmada, o en una reunión de trabajo se informa que tendrán que tomar medidas para economizar gastos, al salir de la reunión te llenas de pensamientos de temor, voy a perder mi empleo y no podré pagar mis cuentas, si eso es así, entonces ese es el temor al que quiero que enfrentemos a medida que lees este libro. Si constantemente piensas que algo malo va a ocurrir y de seguro será a ti o a tus familiares cercanos entonces eres víctima de un verdugo, te azota, te inquieta, te martiriza, te roba horas de sueño, es un espíritu verdugo, y tendrás que enfrentarlo y derrotarlo con las armas espirituales que el Señor Nuestro Dios nos ha dado.

Quiero que tomes este preciso momento para hacer una oración, posiblemente sencilla, pero poderosa en Dios para seguir creciendo y fortaleciendo tu vida y vencer al espíritu del temor, si lo deseas repite esta corta oración:

Señor y Dios, gracias por mostrarme como trabaja el temor en mi vida, por lo tanto te pido que me ayudes a enfrentarlo, tengo seguridad que tú estás conmigo y tu poder me capacita para vencer, con tu ayuda rompo toda ligadura de temor en mi, así lo creo, en el Nombre de Jesucristo, amén.

Capítulo Tres

Un espíritu que se llama temor

En este capítulo quiero que usted pueda discernir claramente lo que la Biblia nos dice del temor. Esto es muy importante debido a que si solo lo tratamos a nivel humano o solo intentamos controlar nuestros pensamientos sin las armas correctas, corremos el riesgo de ser controlados por fuerzas que son espirituales. Tenga presente que el temor es algo espiritual y solo se le puede vencer con armas espirituales.

El Apóstol San Pablo le escribe a su discípulo y también compañero de ministerio, Timoteo, y en la segunda epístola en el capítulo uno y en el verso siete le dice:

> «Pues Dios no nos ha dado un espíritu de temor, sino un espíritu de poder, de amor y de buen juicio.»
>
> 2 Timoteo 1:7 DHHDK

> «Porque no nos ha dado Dios espíritu de
> cobardía, sino de poder, de amor y de
> dominio propio.»
>
> 2 Timoteo 1:7 RVR1960.

Este pasaje de las Sagradas Escrituras, la Biblia, que es la Palabra de Dios nos muestra de manera directa que el temor no es solo algo emocional, nos dice que DIOS no nos ha dado espíritu de temor, así que podemos asegurar a través de este pasaje de la Biblia que el temor es un espíritu. Eso nos lleva a tener la estrategia de que para derrotar al temor tenemos que hacerlo con armas espirituales, es por eso que no es suficiente decir cosas como "quítate eso de la mente" o "tu todavía con esos pensamientos, ya olvídate de eso; entonces tratas de continuar hacia adelante y obtener la victoria sobre esos pensamientos de temor y por un espacio de tiempo pareciera haber logrado resultados, pero esos temores invisibles aparecen nuevamente haciendo que tu imaginación se active para creer que serás una víctima de los malos sucesos que te están por llegar. Y sabe por que este ciclo se repite? Porque son espíritus invisibles que trabajan constantemente para lograr que estés en parálisis, con opresión y con desaliento. Para apoyar este argumento con otra porción de las Sagradas Escrituras quiero llevarle a una carta escrita también por el Apóstol San Pablo a la Iglesia en Roma, la epístola a los Romanos, busquemos el capítulo ocho de esa carta y el versículo 15 y lea lo que nos dice:

> «Pues no habéis recibido el espíritu de
> esclavitud para estar otra vez en temor, sino
> que habéis recibido el espíritu de adopción,
> por el cual clamamos: ¡Abba, Padre!»
>
> Romanos 8:15 RVR1960

> «Pues ustedes no han recibido un espíritu de esclavitud para volver otra vez al temor, sino que han recibido un espíritu de adopción como hijos, por el cual clamamos: «¡Abba, Padre!»
>
> Romanos 8:15 NBLA

De nuevo podemos asegurar que la Biblia nos revela que el temor es espiritual, y Satanás, nuestro enemigo que habita en el mundo espiritual quiere que nosotros tengamos ese espíritu maligno de temor que le prepare para esperar el desastre que le vendrá y aunque sea una mentira el espíritu lo amplifica de tal manera que no obliga a aceptar que es cierto.

También quiero que a través de estos dos textos que ya hemos leído arriba de las Sagradas Escrituras podamos sacar otra verdad importante para este enfrentamiento espiritual con el temor; leamos de nuevo el texto bíblico de la segunda carta a Timoteo capítulo uno y el versículo siete:

> «Pues Dios no nos ha dado un espíritu de temor, sino un espíritu de poder, de amor y de buen juicio.»
>
> 2 Timoteo 1:7 DHHDK

Subrayemos las palabras "Dios no nos ha dado un espíritu de temor" y recordemos las palabras que leímos antes de la carta a los Romanos que nos dice "no han recibido el espíritu de esclavitud", no hay ninguna duda que esos textos bíblicos nos demuestran que si hay temor en nuestros corazones podemos estar seguros que no provienen de DIOS. Acéptelo, háblelo con firmeza, estos pensamientos de temor no vienen de Dios, pues él no nos ha dado espíritu de temor, Dios no nos ha dado espíritu de exclavitud para estar nuevamente en temor; entonces, si están en nosotros y no es Dios quien nos lo ha dado, no hay duda que son diabólicos, y no deben tener cabida en nosotros. Por esa palabra de Dios escrita en la Biblia le animo a que allí donde se encuentra ahora mismo pueda creerlos y confesarlo "El Señor Nuestro Dios y Padre Eterno no me ha dado espíritu de temor, entonces no pueden estar en mi vida", es una resolución que le lleva a poner en practica esa verdad Biblica, no me lo ha dado Dios, no son míos, no pueden estar en mi corazón, ya que lo que DIOS si me ha dado, pues así está escrito es "espíritu de poder, de amor y de dominio propio" (2 Tim. 1: 7). Y con estas palabras quiero terminar este capítulo, el temor es un espíritu, viene para esclavizar, y no proviene de Dios por lo tanto no tiene parte en nuestra vida, lo que si me ha dado Dios es espíritu de poder, de amor y de dominio propio.

Creer y meditar en esa palabra de Dios, ayuda a remover los cimientos de la influencia diabólica en nuestros pensamientos.

«Mejor es confiar en Jehová Que confiar en el hombre. Mejor es confiar en Jehová Que confiar en príncipes.» Salmos 118:8–9 RVR1960

Gloria a Dios por su poderosa palabra. ALELUYA!

Capítulo Cuatro

Descubramos de donde
se origina el temor

En un libro escrito por Yajaira J. Massi, quien es mi esposa, titulado UN HUECO EN EL VACÍO, ella dedica un capítulo sobre las emociones, con el subtítulo de TU PRESENTE ES HIJO DE TU PASADO, es excelente su punto de vista con relación a las conductas y hábitos dentro de la vida matrimonial. Reconozco que en su experiencia como esposa, los desacuerdos y disgustos que se han producido en nuestro matrimonio es el resultado de la formación que yo como hombre, tuve en mi hogar de soltero.

Teniendo eso en cuenta creo firmemente que con relación a los temores hay un nexo bien marcado entre las experiencias vividas en nuestro hogar y los recuerdos de traumas producidos en nuestra niñez y adolescencia.

Quiero compartirles unas experiencias vividas en mi niñez que con el pasar de los años comprendo la gran influencia que tuvo en mi vida de adulto. Mi madre quien ya partió de esta tierra para estar con nuestro Señor Jesús, tuvo una gran influencia en mi vida debido a que ella era quien se encargaba de nuestro cuidado y protección. Mi madre una mujer abnegada, a quien le reconozco su espíritu de lucha para la crianza de dos hijos, tenía una tendencia a permitir que los temores le paralizaran y no le permitieran extenderse a cosas qué tal vez podía lograr. Uno de los temores de los que yo fui testigo en incontables ocaciones y que marcó también mi vida era el temor a las alturas. Aún hoy lo recuerdo con gran claridad, y uno de los momentos que más recuerdo, es que cada vez que teníamos que atravesar un puente o elevado sobre una autopista, era todo un reto para mi madre, recuerdo que subíamos las escaleras y al llegar a la parte alta que nos permitía atravesar la autopista, viendo los autos pasando por debajo del puente a gran velocidad, mi madre esperaba a que no viniese ningún auto para entonces tratar de pasar el puente sin que hubiese ningún carro pasando por debajo, si iniciábamos el recorrido que era de unos 60 pies (20 metros) y a la distancia se veía un auto acercándose, entonces mi madre se detenía y me abrazaba fuertemente cerrando los ojos y pidiendo a Dios que no se fuera a caer el puente. Yo recuerdo que otras personas pasaban a nuestro lado y al ver a mi madre caminar rápido y detenerse cada vez que un carro venía, se acercaban para preguntarle si le pasaba algo y ella respondía que tenia miedo que el puente se pudiera caer, yo escuchaba a personas asegurándole a mi madre que eso no iba a pasar, que tuviera tranquilidad, le animaban a que pasara, pero no, el temor era mayor y si eran varios autos que pasaban al mismo tiempo, producían una vibración que se sentía en el puente y entonces era mejor devolverse hasta que la situación para ella fuera más confiable. Hoy tengo que reconocer que yo no salí ileso de esas experiencias, ya que crecí y sin darme cuenta desarrollé un fuerte temor a las alturas. Tuve que enfrentarlo, pues en cada ocasión en que me encontraba en un lugar alto, era una sensación de intranquilidad que no permitía disfrutar el lugar, lo recuerdo en el Empire State Building en la ciudad de New York, estábamos por tomarnos unas fotografías aprovechando la vista de la ciudad desde arriba y no me atrevía acercarme al borde pues solo mirar hacia abajo me producía una presión en el estomago, una sensación horrible que con solo mirar unos pocos segundos hacia abajo me hacia sentir que iba cayendo; pude también experimentarlo en unas vacaciones donde mi esposa y yo subimos a la torre Eiffel en Paris, estábamos haciendo unos videos en diferentes escenarios y tomando fotos y en el recorrido que hacíamos dentro de la Torre, Yajaira se me adelantó un poco mientras yo tomabas unas fotos y cuando caminé para ponerme a su lado, veo que ella estaba en un espacio donde el piso es de vidrio, lo que permitía mirar hacia abajo y ver lo alto que nos encontrábamos, sabe qué pasó?, si, eso mismo, el temor a las alturas no me permitió ponerme al lado de mi esposa para tomarnos unas fotos allí juntos, allí donde el piso era trasparente. Parece increíble pero así es el temor que tiene su origen en las experiencias de nuestra niñez. Hoy mientras escribo estas líneas puedo testificarle que hace solo unos pocos años el Señor me hizo libre de esa condición a la que no había querido prestarle atención, tuve que subir a lo alto de un lugar y desde allí orar a Dios pidiéndole que rompiera todo ligadura en mi que me hacia tener pánico a las alturas; luego de orar fui al borde y me incline para mirar hacia abajo y aunque sentía la misma mala sensación de vacío en mi estomago y la impresión de que iba a caer, me mantuve con la mirada fija al fondo, decidiendo romper esa atadura en mi vida, y desde ese día se acabó esa limitación. Y para asegurarme que era real la libertad que había alcanzado, subimos mi esposa y yo juntos en el Estado de Tennessee, al SkyBridge, el puente colgante peatonal más largo de Estados Unidos, en la ciudad de Gatlinburg, ese puente colgante tiene paneles de vidrio en el medio del recorrido, justo en la parte mas alta, lo que permite mirar hacia abajo y allí me detuve, tome la cámara e hice un video hacia el fondo y le di gracias al Señor, pues eso no lo hubiese podido hacer de no haber roto con el temor heredado a las alturas.

Estas experiencias personales las quise compartir para dejarles saber que una de las bases del temor se encuentra en la influencia de la familia en la que nos tocó crecer.

Los padres tenemos que reconocer que con buenas intenciones cometemos muchos errores en la educación de nuestros hijos, por querer que nuestros hijos se porten bien usamos métodos que producen ataduras en la vida de ellos. Palabras como: "si no te duermes temprano, va a venir el cuco, viene el coco y te va a llevar" o "si te portas mal, va a venir el viejo feo con el saco grande que se lleva a los niños que se portan mal" "la llorona anda buscando a los niños que no se bañan" y muchas expresiones más que solo hacen un daño espiritual, emocional y aún físico en la vida de nuestros hijos. Si usted es de lo que usa estas expresiones para lograr que sus hijos tengan un buen comportamiento, entonces le pido que hoy mismo desista de ese método y hable con sus hijos dejándole saber que eso no es cierto.

Otro base de origen para el temor son los traumas y situaciones del pasado, como por ejemplo un asalto con un arma de fuego o un cuchillo, un accidente automovilístico en el que usted fue parte o testigo del mismo y entonces le hace pensar y creer que va a volver a suceder.

Otra base es el desconocimiento y entonces se producen ideas erróneas que nos mantienen atemorizados por años. Un pastor amigo en Venezuela me contó que al abrir la ventana del piso de arriba de su casa había un cable de la electricidad que estaba al alcance de su mano, y ellos por largo tiempo estuvieron cuidadosos de no abrir mucho esa ventana y cuando lo hacían era con gran precaución evitando todo contacto con el cable, un día estando unas visitas en su casa, estaba la ventana abierta, el pastor dueño de la casa le pidió que tuviera mucho cuidado con ese cable pues es muy peligroso y su amigo visitante le pregunta: Cuál cable? y extendiendo la mano y agarrando el cable, le dijo: Este? Bueno ya creo que usted se imagina la cara de mi amigo y su esposa al ver que su visita les había mostrado que no había ningún peligro en ese cable ya que no trasmitía electricidad. Ese día descubrieron que habían vivido atormentados por años por creer erróneamente que ese cable era un gran peligro. Eso es temor alimentado por falta de conocimiento.

Quiero concluir este capítulo que trata sobre descubrir de donde se origina el temor, enumerando la bases mencionadas para que le sirva de ayuda en su victoria, primero la influencia de nuestros padres y familia dejando una herencia de temores infundados siendo muchos imaginarios, segundo los traumas vividos que nos hacen creer que se van a repetir y que las consecuencias serán peores y tercero el desconocimiento o ignorancia, llevándonos a tener creencias erróneas.

Tal vez puedo solo mencionar algunas más, como la imaginación que nos hace confundir entre lo real o lo irreal, y las conversaciones con personas temerosas que le trasmiten información dañina; ahora le pido que ore a Dios para que le dé discernimiento y descubrir el origen de cualquier temor en su vida y poder sacarlo de raíz. Conviértalo en un plan de acción.

Capítulo Cinco

El temor atrae a lo que tanto tememos

Al llegar a este capítulo es posible que pudiéramos estar preguntándonos, después de todo lo que ya hemos visto en las Sagradas Escrituras concerniente al temor, es necesario continuar con el tema? y es legitima la pregunta, ya que pareciera suficiente con lo que ya hemos tratado, sin embargo, aún con lo ya aprendido le quiero llevar a un principio bíblico que debe ser descubierto, una revelación escrita en la Biblia donde debemos descorrer la cortina y poder ver lo que nos enseña y además la importancia que envuelve dentro de este estudio, le pido que me acompañe a leer en la primera carta de San Juan, en el capítulo cuatro de esta carta nos dice el versículo ocho lo siguiente:

> «En el amor no hay temor, sino que el perfecto amor echa fuera el temor; porque el temor lleva en sí castigo. De donde el que teme, no ha sido perfeccionado en el amor.»
> 1 Juan 4:18 RVR1960

Ahora quiero que lo leamos juntos también en esta versión:

> «Amor y temor, en efecto, son incompatibles; el auténtico amor elimina el temor, ya que el temor está en relación con el castigo, y el que teme es que aún no ha aprendido a amar perfectamente.»
>
> 1 JUAN 4:18 BLPH

Cuando prestamos atención a este porción de las Sagradas Escrituras, notamos, que Dios nos está diciendo en su Palabra que el amor y el temor son opuestos, la versión La Palabra Hispanoamericana (BLPH) nos dice que son incompatibles, y si seguimos leyendo nos muestra algo que para mi despierta un gran interés y es que nos dice que el temor deja un resultado, el resultado es, que lleva en sí castigo, en otras palabras, la versión hispanoamericana nos dice que el temor está directamente relacionado con el castigo. Al leer esto como parte de las enseñanzas bíblicas, debemos entonces prestar especial atención al hecho de ser dominados por el espíritu del temor, ya que de no hacer algo para doblegarlo, entonces trae como resultado castigo; esa relación temor-castigo nos obliga a seguir ampliando la implicación de esta revelación en nuestras vidas. Le pido a que no lo vea como algo sin importancia, el castigo por dejar a que el temor domine nuestros pensamientos es, que precisamente a eso a lo que le tememos precisamente sea lo que nos vaya a acontecer. Cuando el espiritu del temor haya cabida en nuestro corazón logrando que aumente la imaginación de que va a sucedernos algo muy malo, entonces, eso a lo que tanto tememos nos va a suceder. El temor es una fe negativa. Es un espíritu de temor que atormenta, que quita el reposo y además produce el castigo de que se haga realidad lo que tanto temíamos.

Si le parece difícil de aceptarlo vamos a seguir descorriendo cortinas para poder creer verdades espirituales fundamentadas en DIOS y su Palabra. Veamos esta verdad demostrada en un acontecimiento relatado en la Biblia, donde nos habla de un buen hombre, que era piadoso, que servía a Dios y buscaba agradarlo con su manera de vivir, y a través de él podemos ampliar un conocimiento muy útil, aquí hay una lección espiritual a la que le podemos sacar un gran provecho y así evitar a que se haga parte de nuestra experiencia. Aquí podemos aprender de las experiencias negativas de otras personas. El relato se encuentra en el Antiguo Testamento, de hecho entre los estudios de teología se nos dice que es el primer libro escrito en la Biblia, y no es el Genesis, me refiero al libro de Job. Un personaje bíblico que nos permite sacar muchas lecciones espirituales, de él se nos dice que era el hombre más grande de los orientales, que tenía un corazón temeroso de Dios, era recto, nos dice que era perfecto y apartado del mal. Si leemos el comienzo de este antiguo libro, nos encontramos con una información bastante interesante para nuestro estudio del tema que estamos explorando, son veintidós versículos que contienen el capítulo uno, pero considero imprescindible que tengamos que leerlo completo para no perder ningún detalle de la historia de Job:

> «Hubo en tierra de Uz un varón llamado Job;
> y era este hombre perfecto y recto, temeroso
> de Dios y apartado del mal. Su hacienda era
> siete mil ovejas, tres mil camellos, quinientas
> yuntas de bueyes, quinientas asnas, y
> muchísimos criados; y era aquel varón más

grande que todos los orientales. E iban sus hijos y hacían banquetes en sus casas, cada uno en su día; y enviaban a llamar a sus tres hermanas para que comiesen y bebiesen con ellos. Y acontecía que habiendo pasado en turno los días del convite, Job enviaba y los santificaba, y se levantaba de mañana y ofrecía holocaustos conforme al número de todos ellos. Porque decía Job: Quizá habrán pecado mis hijos, y habrán blasfemado contra Dios en sus corazones. De esta manera hacía todos los días. Un día vinieron a presentarse delante de Jehová los hijos de Dios, entre los cuales vino también Satanás. Y dijo Jehová a Satanás: ¿De dónde vienes? Respondiendo Satanás a Jehová, dijo: De rodear la tierra y de andar por ella. Y Jehová dijo a Satanás: ¿No has considerado a mi siervo Job, que no hay otro como él en la tierra, varón perfecto y recto, temeroso de Dios y apartado del mal? Respondiendo Satanás a Jehová, dijo: ¿Acaso teme Job a Dios de balde? ¿No le has cercado alrededor a él y a su casa y a todo lo que tiene? Al trabajo de sus manos has dado bendición; por tanto, sus bienes han aumentado sobre la tierra. Pero extiende ahora tu mano y toca todo lo que tiene, y verás si no blasfema contra ti en tu misma presencia. Dijo Jehová a Satanás: He aquí, todo lo que tiene está en tu mano; solamente no pongas tu mano sobre él. Y salió Satanás de delante de Jehová. Y un día aconteció que sus hijos e hijas comían y bebían vino en casa de su hermano el primogénito, y vino un mensajero a Job, y le dijo: Estaban arando los bueyes, y las asnas paciendo cerca de ellos, y acometieron los sabeos y los tomaron, y mataron a los criados a filo de espada; solamente escapé yo para darte la noticia. Aún estaba este hablando, cuando vino otro que dijo: Fuego de Dios cayó del cielo, que quemó las ovejas y a los pastores, y los consumió; solamente escapé yo para darte la noticia. Todavía estaba este hablando, y vino otro que dijo: Los caldeos hicieron tres escuadrones, y arremetieron contra los camellos y se los llevaron, y mataron a los criados a filo de espada; y solamente escapé yo para darte la noticia. Entre tanto que este hablaba, vino otro que dijo: Tus hijos y tus hijas estaban comiendo y bebiendo vino en casa de su hermano el primogénito; y un gran viento vino del lado del desierto y azotó las cuatro esquinas de la casa, la cual cayó sobre los jóvenes, y murieron; y solamente escapé yo para darte la noticia. Entonces Job se levantó, y rasgó su manto, y rasuró su cabeza, y se postró en tierra y adoró, y dijo: Desnudo salí del vientre de mi madre, y desnudo volveré allá. Jehová dio, y Jehová quitó; sea el nombre de Jehová bendito. En todo esto no pecó Job, ni atribuyó a Dios despropósito alguno.»

Job 1:1–22 RVR1960

Si, así, como lo leemos, en un solo día Job lo perdió todo, si, lo leyó bien, todo perdido en un solo día. Y voy a hacer algo para que podamos involucrarnos a mayor profundidad con el hecho. Vamos a utilizar el mismo libro de Job, e imaginemos que estamos ahora sentado a su lado después de todo el desastre que se desencadenó en su hogar. Imaginemos que al verlo así, nos pudiéramos atrever a preguntarle: -Oye Job, discúlpeme el atrevimiento, pero tengo una duda, como puede ser que un hombre como tú, con tu comportamiento, tu integridad hayas tenido esta situación tan dura y difícil, que piensas Job que haya pasado? Por que a ti Job? Y la respuesta a esa pregunta la recibimos de Job en capítulo tres en los versículos 25 y 26:

> «Porque el temor que me espantaba me ha venido, Y me ha acontecido lo que yo temía. No he tenido paz, no me aseguré, ni estuve reposado; No obstante, me vino turbación.»
> Job 3:25–26 RVR1960

Esos versículos del capítulo tres nos muestran que Job tenía un temor que lo espantaba, nos dice también que aunque era un hombre recto y perfecto antes Dios, no tenía paz, no tenía seguridad, no tenía reposo. No le impactan estas palabras de este siervo de Dios? Pienso que para muchos es sorpresivo leer esta respuesta de Job en el capítulo tres, sin embargo retrocedamos la historia y regresemos de nuevo al comienzo, veamos nuevamente el capítulo uno, por favor no perdamos este detalle que está registrado en el versículo cinco:

> «Y acontecía que habiendo pasado en turno los días del convite, Job enviaba y los

santificaba, y se levantaba de mañana y ofrecía holocaustos conforme al número de todos ellos. Porque decía Job: Quizá habrán pecado mis hijos, y habrán blasfemado contra Dios en sus corazones. De esta manera hacía todos los días.»

Job 1:5 RVR1960

Cuando lo leo percibo algo aquí de lo que nos dice en el capítulo tres, leemos que Job se levantaba de mañana y ofrecía holocaustos por cada hijo, y percibo algo curioso, Job se decía a si mismo "quizá habrán pecado mis hijos" veo que era algo que él pensaba, "quizá hayan blasfemado contra Dios en sus corazones", no era algo que él veía en sus hijos, no era un comportamiento de ellos lo que le inquietaba, era algo en su pensamientos, ya que la blasfemia a la que hace referencia, es que lo hayan hecho en sus corazones; y por sus palabras del capítulo tres, asocio que cada mañana Job pensaba que algo malo podría venir sobre sus hijos, tal vez estarán blasfemando contra Dios. Así que al leer sus palabras del capítulo tres, Job nos está diciendo que precisamente lo que el temía fue lo que le aconteció. Allí está la relación temor-castigo. Hoy mismo incorpore este principio bíblico a su estilo de vida, no lo ignore, use este recurso para compartirlo con su cónyuge, con sus hijos, hable sobre esto con sus seres queridos, léale estos pasajes de la Biblia y juntos hablen sobre el tema, para que el conocimiento de la palabra de Dios sea un escudo de protección contra todo ataque en esta área.

Es necesario que a través de las palabras de Job usted considere el alto costo del temor. Examine sus pensamientos, busque los orígenes de cualquier temor en su vida y prepárese con la ayuda del poder de Dios a cerrar toda puerta abierta que le de acceso a nuestro enemigo espiritual. Cualquier imaginación maligna que el espíritu del temor haya traído a su mente, enfréntela para que no se convierta en una realidad para usted. Comprender esto nos convierte en soldados avisados. No le parece? Bien, con esto ya explicado quiero llevarle a que continuemos en nuestro estudio en los siguientes capítulos, y termino animándole a que memorice esta verdad Biblica "el perfecto amor echa fuera el temor".

Capítulo Seis

Nuestro Señor Jesucristo y el temor

Hay un refrán popular muy conocido que dice que a una persona se le conoce por sus dichos y por sus hechos. Y en mis años de vida he podido evidenciar que ese refrán tiene mucha verdad encerrada en el.

Con el fin de fortalecer nuestras vidas con convicciones formadas por lo que está escrito en la Biblia, que es la Palabra de Dios, quiero que juntos examinemos los dichos y los hechos de nuestro Señor Jesucristo según los relatos inspirados de los Evangelios. Cuando nos dedicamos a leer los 4 primeros libros del Nuevo Testamento, que contienen los Evangelios según San Mateo, Marcos, Lucas y Juan, comprobamos que en su ministerio terrenal Nuestro Señor tenía mucha gente que le seguía y le amaba y también otros que le odiaban y buscaban cualquier ocasión para matarle; y en cualquiera de los 2 grupos, el grupo de los que le odiaban o el grupo de los que le amaban, ocurría algo importante que nos dice la Biblia y era que la fama de Jesús se extendía por toda aquella tierra, por donde le veían y le escuchaban, para dejar solo un pasaje bíblico entre muchos que demuestran esta realidad de su fama, les pido que solo leamos este pasaje que se encuentra registrado en el libro del Evangelio de San Marcos capítulo seis y en el versículo catorce:

«Oyó el rey Herodes la fama de Jesús, porque su nombre se había hecho notorio; y dijo: Juan el Bautista ha resucitado de los muertos, y por eso actúan en él estos poderes.»

S. Marcos 6:14 RVR1960

Es curioso que el mismo Rey Herodes en su posición privilegiada, con un gran poder político, reconocía el poder que había en Jesús debido a sus dichos y hechos, al punto que Herodes pensaba que Jesús era Juan el Bautista que había resucitado (que el mismo había mandado a decapitar) y debido a eso había en Jesús el poder que poseía. Una vez ya establecido esto entonces comencemos a revisar los dichos y hechos de Nuestro Señor Jesucristo con relación al tema que estamos tratando, que es el tema del temor. Son varios pasajes de su vida terrenal que quiero que veamos con el interés de extraer lecciones espirituales que nos ayuden en los grandes desafíos de la vida diaria. Antes de comenzar, brevemente hagamos una corta oración pidiéndole al Señor que nos permita recibir la iluminación correcta sobre cada uno de estos pasajes de su Palabra: - Padre Nuestro, te pedimos que tú iluminación esté sobre nuestras vidas para recibir lo que viene de tí y actuar de una manera que glorifique tu nombre alrededor de otros que te necesitan, te lo pedimos a tí como nuestro Padre Celestial en el nombre de Nuestro Señor Jesús, amén.

Amén, ahora leamos este episodio:

> «Estaba hablando aún, cuando vino uno de casa del principal de la sinagoga a decirle: Tu hija ha muerto; no molestes más al Maestro. Oyéndolo Jesús, le respondió: No temas; cree solamente, y será salva.»
>
> S. Lucas 8:49–50 RVR1960

La escena bíblica nos dice que recién terminaba Jesús de hacer un milagro de sanidad en una mujer con flujo de sangre cuando vino un mensajero de casa del principal de la sinagoga para decirle al principal sin ningún preámbulo, duro y directo, que su hija ha muerto, que no continúe molestando más al Maestro. Solo de pensarlo me compadezco de este padre, pues sin ningún sentimiento de compasión este mensajero le deja saber la muerte de su hija, y le agrava más el momento al decirle que está molestando al maestro. En ese mismo momento Jesús actúa, sin perdida de tiempo y va directo al padre, no al mensajero, al padre, y lo primero que hace es dejarle saber que para que recibir un milagro para su hija lo primero que tiene que hacer es bloquear el paralizante más dañino, debe cerrar sus oídos al mensaje que acaba de recibir y enfrentar directo al temor. Le dice: "NO TEMAS; CREE SOLAMENTE..." Para que no quede ninguna duda sobre esta verdad bíblica prestemos atención a que Jesús lo primero que ataca es al temor, lo ataca sin perdida de tiempo y después de pedirle al padre que no permita que el temor se apodere de él, entonces Jesús se dirige a la casa del principal de la sinagoga y efectúa un milagro de resurrección. Veamos el método del Maestro, primero las palabras en contra del temor y después el milagro de levantar a la niña. Aleluya!

Continuamos nuestro estudio y ahora vamos a leer un pasaje que se encuentra en el Evangelio según San Mateo capítulo catorce:

> «Mas a la cuarta vigilia de la noche, Jesús vino a ellos andando sobre el mar. Y los discípulos, viéndole andar sobre el mar, se turbaron, diciendo: ¡Un fantasma! Y dieron voces de miedo. Pero en seguida Jesús les habló, diciendo: ¡Tened ánimo; yo soy, no temáis!»
>
> S. Mateo 14:25–27 RVR1960

Esta escena siempre me deja intrigado, pues hay muchas cosas que no me son fáciles de comprender, si tal vez se pregunte la razón, quiero que miremos el contexto de lo que acontece. Similar al pasaje anterior Jesús recién había terminado de hacer un milagro, este milagro era de provisión sobrenatural, alimentando a una gran multitud de cinco mil personas, así que vemos que el anterior pasaje, la resurrección de la hija del principal de la sinagoga es precedido por un milagro de sanidad de flujo de sangre y en este escenario es precedido por un milagro de alimentación. Viendo Jesús que la multitud ya había comido entonces envió a sus discípulos a entrar en una barca y que fueran delante de él entre tanto que él despedía la multitud. Aquí les menciono una de las cosas que me intriga y es leer que los discípulos no manifestaron ninguna curiosidad de saber como iba el Señor a darle alcance a ellos, ya que se iban en la barca y en esa época no existían los Jet Ski. De manera que ellos se fueron tal y como el maestro les había ordenado y mientras iban hacia la otra ribera se desató una gran tempestad que dejaba a los discípulos al borde de morir, ya que nos dice que la barca era azotada por las olas y el fuerte viento. Quiero hacer un pequeño paréntesis solo para ayudarle en su caminar de vida cristiana bíblica, recordemos en este escenario que los discípulos no se encontraban en un viaje de placer, no era un crucero por tierra santa lo que tenía a los discípulos en esta situación, si usted y yo miramos este cuadro tenemos que reconocer que ellos estaban en esa situación por una orden del Maestro, los discípulos se encuentran en medio del mar, con vientos contrarios y olas que les azotaban y que posiblemente para ese momento lo único que les preocupaba era salir con vida de esa situación, pero ellos estaban en total obediencia al Señor, fue él quien les ordenó que entraran en la barca y fue él quien les ordenó ir delante y observe que aún en total obediencia al Señor se les levanta esta peligrosa situación. Quiero que lo reciba como un medio de crecimiento, los momentos difíciles nos llegan aún en obediencia total a Dios. Cierro el paréntesis y lo dejamos hasta allí, pues ese no es el asunto principal que quiero abordar, adelantémonos y vemos que nos dice que a la cuarta vigilia de la noche (cerca de las 3 de la madrugada) Jesús vino a ellos andando sobre el mar, y los discípulos viéndole que venía se turbaron y pensaban que era un fantasma. No sé pero me intrigan dos asuntos más, el primero, viendo a los discípulos creyendo en fantasmas a esta altura de la vida y lo segundo que me intriga aún mucho más, es por que los discípulos no supieron que era el Maestro que venía?

Piénselo conmigo, quien más podía ser? Jesús les había dicho que salieran adelante entre tanto que él despedía a la multitud. Entonces, que les pasó? Tal vez no tengamos esto claro en nuestra mente, pero creo que una de las razones es porque cuando nos encontramos en momentos tan obscuros y difíciles como los que los discípulos se encontraban, no recordamos las promesas y palabras que Dios nos ha dado, nos bloqueamos, y solo vemos lo que nuestros sentidos naturales nos trasmiten, y entonces la imaginación se activa y es allí donde el verdugo llamado temor aparece para que nos llenemos de miedo. De nuevo examinemos las palabras y los hechos de Jesús: "NO TEMAN..." "Tengan ánimo, soy yo"; Pienso que él pudo desde el mar ejercer su poder sobre los vientos y las olas y tranquilizar a los discípulos pero no lo hizo, lo primero que hizo fue animarlos a que no temieran, anular al temor para que pudieran ver quien se acercaba a ellos. Leyendo el resto del pasaje vemos que al entrar Jesús con Pedro a la barca la tempestad se calmó y ellos vinieron y le adoraron.

Le invito a que tome este momento y adore al Señor Jesucristo pues la muerte le obedece y la naturaleza se sujeta a su poder.

Un tercer pasaje bíblico para nuestro tema tiene que ver con un hecho muy importante en el ministerio de Nuestro Señor Jesucristo, es el relato mencionado por los evangelios sinópticos, Mateo, Marcos y Lucas, este relato nos muestra una revelación especial de Jesús y es la transfiguración, y para dar un poco mas de información sobre este hecho solo debemos tener en cuenta que nos permite ver a Nuestro Señor con la gloria del Rey, fue algo muy especial pues mostraba que el Jesús hecho carne también es Dios, la transfiguración permite ver y ratificar la divinidad de Jesús a tres de sus discípulos, a Pedro, a Jacobo y a Juan. Ellos vieron la aparición de Moises y Elias hablando con el Señor Jesucristo, y mientras hablaban, una nube de luz lo cubrió y desde la nube se oyó una voz que decía que Jesús es su hijo amado, el hijo en el que tiene complacencia. El pasaje nos dice algo que se apropia a nuestro tema y es que al oír esto los discípulos, y nos los dice en plural, lo cual nos muestra que los tres discípulos tuvieron la misma reacción, tuvieron temor. Que tuvieron? Tuvieron temor. Hay varios pasajes de las Sagradas Escrituras que nos enseñan que en experiencias de visiones o apariciones divinas la respuesta inmediata es llenarse de temor. Gedeón cuando tuvo el encuentro con el ángel de Jehová cara a cara, el profeta Isaias al ver al Señor sentado sobre un trono alto y sublime, Maria, la madre de Jesús, cuando recibió la visitación del Ángel Gabriel y otros casos más nos dejan ver que el temor es el primer obstáculo a vencer. En todos estos casos mencionados hay similitud al relato de la transfiguración de Jesús, pues los discípulos se llenaron de temor. Leamos textualmente lo que inmediatamente Jesús decide hacer, lo leemos en el capítulo 17 y versículo siete de Mateo:

> «Entonces Jesús se acercó y los tocó, y dijo: Levantaos, y no temáis.»
>
> S. Mateo 17:7 RVR1960

Allí está, nuevamente el Maestro levantando a sus discípulos y dándoles la orden "NO TEMAN". Así que Nuestro Señor no tomó el temor como algo insignificante, nunca lo pasó inadvertido, y era porque sabía que el temor no es una broma, sabía que el temor no bloqueado tiene poder para impedir que podamos ver lo que Dios quiere darnos. Le motivo a que resista a el temor en el nombre de Jesús, clame siempre a Dios por su ayuda en cada momento que sienta que el temor quiere apresarle. Confiese estas mismas palabras del Salmista en esos momentos: "En el día que temo, Yo en ti confío. En Dios alabaré su palabra; En Dios he confiado; no temeré; ¿Qué puede hacerme el hombre?"

Salmos 56:3–4 RVR1960

Hay liberación del temor a través de las herramientas espirituales que el Señor nos ha dado.

Capítulo Siete

Lo que Dios valora y lo que nosotros valoramos

En nuestro mundo tal y como se encuentra hoy no es fácil definir lo que es valioso y lo que no lo es. En los años de mi niñez y adolescencia los valores estaban ligados a la vida moral y espiritual de las personas. De manera que en este estudio que continuamos haciendo sobre el tema de el temor, no quiero pasar por alto una realidad de nuestra condición humana contaminada por el pecado que debe ser sacudida por los principios bíblicos. Digo esto debido a que muchos de nuestros resultados de vida se deben a viejos hábitos que nos hacen sentir fracasados, aún cuando sabemos por adelantado que no nos benefician. Y si hay algo que toma tiempo y esfuerzo es poder romperlos y quedar libres de ellos. Uno de esos hábitos es el alimentar pensamientos de que no somos las personas adecuadas, que no tendremos lo suficiente para sobrevivir, y nos puede llevar a creer que no tenemos ningún valor para nadie. Es tan cierto esto que he podido escuchar a personas que aún estando rodeados con mucha gente a su alrededor, se sienten totalmente solas, y si intentan quebrar esos desagradables sentimientos de soledad para ser parte del grupo, entonces creen que no serán aceptados ya que no se sienten valiosos.

Echemos una profunda e intensa mirada a esa especifica y desagradable creencia de no sentirse valorado o valorada. Se puede expresar de diferentes maneras y a veces es posible lograr ocultarla en lo más profundo de nuestro ser interior, pero esa creencia sale a la superficie negándose a rendirse.

Nuestro Señor Jesucristo se daba cuenta de cómo está situación podía tener dominio sobre la humanidad. En un pasaje del evangelio según San Lucas en el capítulo doce y en el versículo veinticuatro leemos la pregunta que Jesús hace a la multitud que les oía:

> «Considerad los cuervos, que ni siembran, ni siegan; que ni tienen despensa, ni granero, y Dios los alimenta. ¿No valéis vosotros mucho más que las aves?»

Ahora quiero que tome su Biblia además de mantener este libro en sus manos, para que le demos seguimiento a los acontecimientos previos a esta pregunta que acabamos de leer, el Señor Jesucristo les está hablando a los discípulos con relación a la hipocresía de los fariseos, dejándoles saber que ellos tenían más interés en lo que decían las personas que en lo que agradara a Dios. El Maestro les dice a los discípulos que ese comportamiento es hipócrita. (Lc.12:1) Si seguimos leyendo los versículos siguientes nos damos cuenta que el Señor Jesús pasa de una manera directa a un asunto que no podemos perder detalle debido al tema que estamos tratando en este libro, leamos los versículos cuatro al siete:

«Mas os digo, amigos míos: No temáis a los que matan el cuerpo, y después nada más pueden hacer. Pero os enseñaré a quién debéis temer: Temed a aquel que después de haber quitado la vida, tiene poder de echar en el infierno; sí, os digo, a este temed. ¿No se venden cinco pajarillos por dos cuartos? Con todo, ni uno de ellos está olvidado delante de Dios. Pues aun los cabellos de vuestra cabeza están todos contados. No temáis, pues; más valéis vosotros que muchos pajarillos.»

Lucas 12:4–7 RVR1960

Fíjese en esto de un modo especial: DIOS nos habla de nuestro valor. Aquí recibimos una enseñanza que tiene que ver con lo que es valioso según DIOS, que es Eterno y no el valor que le podemos dar nosotros como personas limitadas a tiempo y espacio. Es aquí donde quiero dar el mayor seguimiento a las lecciones que nos da el Señor Jesús con sus Palabras, y que nos ayude a romper con los hábitos viejos que nos perjudican. Y no tengo dudas que esos viejos hábitos están fundamentados en lo que creemos, nuestras creencias determinan gran parte de los resultados que obtenemos. Hágase un favor a usted mismo, revise profundamente cuales son sus convicciones, revise lo que usted escucha y de quien lo escucha; y se lo escribo con gran interés, pues hay demasiadas cosas en juego como para seguir con un sistema de creencias que no están basadas en lo que DIOS nos dice en su palabra escrita, que es la Biblia. Determínese a que con las verdades bíblicas usted va a fortalecer su sistema de creencias, pues esas creencias van a determinar sus acciones. A partir de este momento pregúntese regularmente que valor tiene para usted las opiniones de otros y que valor tiene lo que DIOS nos dice en su Palabra.

Regresemos a lo que el Maestro nos dice de los versículos cuatro al siete, Jesús les da una advertencia a sus discípulos y a los que le seguían diciéndoles que temieran al que después de haber quitado la vida, tenia el poder de echar en el infierno. (Lc. 12:5) El enfoque de lo valioso no está en lo temporal, está en lo eterno. Dentro del capítulo doce podemos ver ilustrado un ejemplo de valorar las cosas según lo terrenal y temporal versus lo celestial y eterno. Con una parábola el Maestro decide dejarles claro este asunto, les habla del rico insensato que había logrado producir mucho y demostró que valoraba tanto lo material que solo pensó en guardar, reposar, comer, beber y regocijarse y el Señor Jesús nos dice el titulo que tiene este rico según DIOS Y es el de "necio". Ahora pensemos en esto, DIOS le llama a esa mentalidad del tener más, del tener y tener, y de guardar para disfrutar, poniendo toda la confianza en lo material, lo llama "necedad" ahora si lo compara con una mentalidad humanística, una mentalidad que no toma a DIOS en serio ni a su Palabra, lo llaman "exitoso", le llaman un gran hombre de negocios, el fondo de todo esto es considerar que este hombre rico muere sin tener una relación con DIOS y todo lo que ha logrado no se sabe de quien será.

De manera que mi propósito es que las palabras escritas en las Sagradas Escrituras nos ayuden a formar nuestras convicciones, nuestro sistemas de creencias, y entonces darle valor a lo que DIOS valora y restarle valor a lo que DIOS nos dice que es menos valioso. Lo que creemos, no lo que sabemos, es lo que nos lleva a actuar en la vida.

En los versículos que leímos anteriormente recibimos lecciones que nos ayudan a romper los hábitos viejos de desvalorarnos y creer en el gran valor que tenemos para DIOS. Para ayudarnos a crecer en esa convicción Jesús hace una fácil comparación, nos dice que veamos las aves, que no se preocupan por el sustento, ellas hacen los opuesto a lo que hace el rico insensato, las aves no tienen graneros para almacenar y el Creador les cuida, les sustenta. La pregunta para nosotros es: No valéis vosotros mucho más que las aves? Cuando el temor a la insuficiencia, el deseo desmedido por lo material, aún los negocios turbios y deshonestos vengan a atacarle, decida pensar en su valor para DIOS, piense en las aves de los cielos y entonces recuerde que si el Señor Nuestro DIOS se ocupa de ellas, con toda seguridad también lo hará con nosotros. Basado en esta verdad de la palabra de DIOS hay un himno clásico de la Iglesia Cristiana que dice que "si él cuida de las aves, cuidará también de mi" El himno dice: "Como podré estar triste, como sentirme solo y en el dolor vivir? Si Cristo es mi consuelo, mi amigo siempre fiel, si el cuida de las aves, cuidará también de mi."

Lo había escuchado antes? Entonces si puede cántelo y haga que el temor se disipe y recobre valor en DIOS. Y si nunca lo había escuchado me gustaría que lo buscara en alguna plataforma de internet y lo escuche permitiéndole que esas palabras del himno se internalice en usted y pueda adorar al Eterno DIOS que nos sustenta. ALELUYA!

Capítulo Ocho

Cuando viene otro más fuerte

Ya pudimos ver que la Biblia nos enseña que el temor es algo espiritual, leímos en el capítulo dos de este libro que la Biblia dice que "Dios no nos ha dado espíritu de temor" dejándonos ver claramente que el temor es un espíritu. Ahora vamos a seguir explorando las verdades eternas de las Sagradas Escrituras para descubrir, que como cristianos estamos capacitados por DIOS para tener victoria sobre ese espíritu. Aunque soy un apasionado en el estudio de la conducta humana, también tengo mi punto de vista donde no apoyo a que la Iglesia solamente dependa de la consejería psicológica a conflictos de personas que deben ser tratados de manera espiritual, debido a que la raíz de ese problema es espiritual. Si solamente dependemos de la psicología cuando el origen del conflicto es espiritual, tendremos alivio con resultados de corta duración. Tal vez usted como lector pueda pensar que estamos exagerando mucho con todo este asunto de lo espiritual; y por experiencia vivida quiero dejar claro mi punto de vista del porque podemos a llegar a pensar de esta manera; como ministro del evangelio he podido discernir que hemos diluido los asuntos espirituales y poner mas énfasis en la psicología, en solo la consejería o en la capacidad de análisis. La razón más fuerte es debido a que la preocupación de muchas Iglesias hoy es enfocarse a que las personas se sientan cómodas con nuestras creencias, que podamos atraer a las personas a que asistan a nuestros servicios pero con enseñanzas superficiales aún sabiendo nosotros que seguirán con resultados no satisfactorios, pero queremos que regresen a nuestras reuniones sin prestar atención a que los resultados que están obteniendo. Es lamentable reconocerlo pero he compartido con personas cuyas vidas están en grandes dificultades pues no experimentan los cambios que nuestro Señor Jesucristo ofrece al venir a él. La vida abundante no se alcanza con entretenimiento de buena música y mensajes bíblicos de motivación, se requiere ver el poder del evangelio en los problemas espirituales de las personas, que vienen necesitando romper con conductas de adición. Es menester que como cuerpo de Jesucristo que somos en esta tierra, le demos importancia a los problemas que tienen origen espiritual, y al romper esas ataduras en las vidas que lo necesitan, entonces la gloria y el reconocimiento será para nuestro DIOS Todopoderoso. Le pregunto: No cree que esto es significativo?

Aquí tenemos esta verdad respaldada en las Sagradas Escrituras, quiero ir y echar un vistazo a un pasaje de las Sagradas Escrituras que considero apropiado para visualizar lo que estoy exponiendo. Acompáñeme al Evangelio según San Lucas en el capítulo once y en el versículo catorce, leamos esto con atención:

«Estaba Jesús echando fuera un demonio,
que era mudo; y aconteció que salido el

demonio, el mudo habló; y la gente se maravilló.»

Lucas 11:14 RVR1960

Lo primero que vemos es que Jesús estaba echando fuera un demonio, así que no podemos negar que los demonios son reales, la biblia lo enseña, y Jesús los enfrenta, además nos habla de una persona que es muda, y no pierda detalle, la Biblia revela que la mudez de esa persona era causada por un demonio que lo poseía, eso quiere decir que el problema era espiritual, este caso no necesitaba ser enviado a terapia de lenguaje o a profesionales de la ciencia debido a que era un demonio. Leemos que Nuestro Señor lo echa fuera del cuerpo con su poder, y quiero repetirle eso, con su poder echa fuera a el demonio y aconteció que salido el demonio el mudo habló, eso es parte de la asignación de la iglesia de Jesucristo, y el propósito es que el nombre del Señor sea glorificado por esos resultados de liberación. Al seguir leyendo el versículo catorce nos dice algo mas, que al ver y oír al mudo hablar la gente se maravilló, eso es lo que sucede cuando la fe en la palabra escrita de DIOS enciende las vidas de los creyentes. La gente queda maravillada, lo que no hizo el medico, el psicólogo, el psiquiatra, el visitador social y otros tantos en su especialidad lo hace el poder del Señor. Es evidente que los problemas espirituales deben ser enfrentados espiritualmente. Para mantener la base bíblica y que no sean mis argumentos personales entonces escuchemos al Señor Jesucristo enseñándonos sobre el reino de Dios y el reino de Satanás. En los versículos veintiuno y versículo veintidós nos da un discurso breve sobre este importante asunto, veamos:

> «Cuando el hombre fuerte armado guarda su palacio, en paz está lo que posee. Pero cuando viene otro más fuerte que él y le vence, le quita todas sus armas en que confiaba, y reparte el botín.»
>
> Lucas 11:21–22 RVR1960

Quiero repetir estas palabras dichas por el Señor Jesús "cuando el hombre fuerte armado guarda su palacio, está en paz todo lo que posee". La implicación que veo en esa palabras de Jesús es que se esta refiriendo a nuestro enemigo espiritual Satanás, así que nos dice que es fuerte, y eso debe ser puesto en su real dimensión, ya que no podemos subestimar esa verdad que nos dice la Biblia, y también leemos algo que debe ser visto con atención y es que menciona que nuestro enemigo está "armado" y esas armas las usa en contra del pueblo de DIOS, de nosotros los hijos de DIOS, y algo más que nos enseña este pasaje es que nuestro enemigo espiritual Satanás guarda su palacio. No quiere soltar las posesiones que tiene, es posesivo, y eso me hace entender el porque las vidas cautivas por sus armas no pueden ser ayudadas con astucia, ni inteligencia humana. Pero, y quiero escribirle esa palabra de nuevo, y si la quiere subrayar hágalo, y se la destaco en mayúsculas PERO, esa palabra "pero" anula lo anteriormente dicho. Entonces nuestro enemigo espiritual es real, es fuerte, tiene armas y no quiere soltar sus posesiones pero ... "Pero cuando viene otro MÁS FUERTE QUE EL ..." (las mayúsculas son mías). Que alentadoras son esas palabras que Nuestro Señor y Salvador Jesucristo dice de si mismo. EL ES EL MÁS FUERTE. A su nombre Gloria por siempre! JESUCRISTO es más fuerte que nuestro enemigo espiritual. Tenemos un enemigo fuerte, que nos ataca con espiritu de temor, que nos lleva al engaño para hacernos ver las cosas perdidas, es una guerra espiritual pues el temor proviene de Satanás pero Jesucristo es más fuerte que él. Celebremos eso con adoración al Señor Jesús, quien por ser más fuerte le va a quitar las armas en la que tenia su confianza y algo más para alabar al Señor con gozo, es que nos dice que él, Jesucristo, el más fuerte va repartir el botín. De manera que todo lo que has perdido, lo que se nos ha sido quitado por sus armas engañosas nos va a ser entregado a nosotros. Así que, antes estábamos en esclavitud por el engaño del espíritu del temor, pero ahora somos libres por el poder de Jesucristo. Créalo, Satanás nos mantiene esclavos, mas nuestro Señor Jesucristo nos liberta. Gloria al Señor Nuestro DIOS Todopoderoso! Jesucristo es el más fuerte! Esa es nuestra mayor garantía, tenemos a nuestro lado al que derrota al espiritu de temor. Cuando le esté rodeando su mente con imaginaciones negativas, recuerde que usted está en Cristo.

Vamos a continuar alcanzando los objetivos planeados para este libro, vamos a crecer en el conocimiento de las verdades bíblicas y poder disfrutar de la vida abundante que el Señor Jesús ofreció.

Antes de pasar al siguiente capítulo le pido a que con sus propias palabras explique las diferencias que existen entre un problema que tiene origen espiritual a otro que no lo sea.

Capítulo Nueve

Un espíritu distinto

En mis primeros años de mi formación cristiana, fui impresionado con un título que se la daba a un hombre en las Sagradas Escrituras, tengo que reconocer que me producía una gran curiosidad cada vez que alguien lo mencionaba por ese título, y lo que lo hacía más interesante era saber que el título no era otorgado por alguien cualquiera que se le había ocurrido llamarle así, sino que el título le había sido dado por el Eterno DIOS Jehová. Me refiero a David el rey de Israel, quien fue llamado por DIOS "conforme a mi corazón". Pienso que a cualquiera le despierta curiosidad el saber que cualidades se debe poseer para obtener ese nombramiento de parte de nuestros DIOS. Luego con el pasar del tiempo y escuchando a maestros y predicadores bíblicos comprendo que David tenia una actitud hacia el Señor que le permitía ser llamado así, "el hombre conforme al corazón de Jehová DIOS". En este capítulo vamos a revisar bíblicamente y aprender a través de estos pasajes de las escrituras esos comportamientos que mueven a DIOS a expresar esas palabras hacia una persona, y descubrirlo nos motiva a planear como podemos nosotros alcanzar esa posición. Ya dijimos de David que era conforme al corazón de DIOS, podemos incluir a Abraham que fue llamado amigo de DIOS, ya decir conforme a mi corazón me impacta, ahora es para mí mas significativo el título de ser llamado "amigo de DIOS". Y quiero dejarlo ver según mi manera de evaluar las cosas; hablando de mi, un ser humano mortal, limitado a tiempo y espacio, con fallas y debilidades a las que debo enfrentar frecuentemente, no puede decir que cualquiera es mi amigo, con el tiempo que he vivido tengo como principio de vida que un amigo no es uno cualquiera que dice serlo, sino alguien que con el pasar de los años, me ha demostrado su amistad en diferentes temporadas de la vida, un amigo es alguien que usted sabe de que sabe, que se alegra con mis victorias y que me demuestra estar a mi lado en mis fracasos. (Tengo que confesar que son pocos). Bueno, siguiendo con la línea de pensamiento bíblico, si yo siendo un ser humano no puedo llamar a cualquiera amigo, entonces cuanto más DIOS llamar a alguien su amigo. Créalo, me hace levantar las cejas con admiración, "AMIGO DE DIOS".

Es bastante probable que al leer estas palabras las creamos y realmente las anhelemos pero lamentablemente no las experimentamos por no ser intencionales en nuestro anhelo, debido a eso y para mantenerme dentro de nuestro tema, he sido motivado a tomar a una persona a la que DIOS dedica un tiempo para conversar acerca de él con un hombre llamado Moises, quien era el asignado a liderar una exigente jornada de liberación de un pueblo cautivo en Egipto. Leer esa conversación que DIOS tiene con Moises en el libro de Números me cautiva tanto como las referencias que mencioné anteriormente sobre David y Abraham. Lo vamos a leer y allí podrá saber a quien me estoy refiriendo, esa conversación entre Jehová DIOS y el lider Moises se encuentra en el capítulo catorce de uno de los libros del Pentateuco llamado Números, en los versículos veintiuno al veinticuatro:

> «Mas tan ciertamente como vivo yo, y mi gloria llena toda la tierra, todos los que vieron mi gloria y mis señales que he hecho en Egipto y en el desierto, y me han tentado ya diez veces, y no han oído mi voz, no verán la tierra de la cual juré a sus padres; no, ninguno de los que me han irritado la verá. Pero a mi siervo Caleb, por cuanto hubo en él otro espíritu, y decidió ir en pos de mí, yo le meteré en la tierra donde entró, y su descendencia la tendrá en posesión.»
>
> Números 14:21–24 RVR1960

Por razones de espacio y para enfocarme directo al punto que quiero resaltar, le invito a que tome unos minutos y lea el contexto y pueda recordar los acontecimientos que motivan a estas palabras de el Señor a Moises, por ahora solo le menciono que el pueblo de Israel se rebela contra Jehová y como consecuencia de su repetida rebelión DIOS decide que no verán la tierra que él le prometió a sus padres, Jehová le dice a Moises "no, ninguno de los que me han irritado la verá" ... pero... y me gusta de nuevo esa preposición de la gramática de el idioma español, PERO; recuerde DIOS esta diciendo, ninguno verá la tierra porque me han irritado, pero, y ese pero, cambia el panorama, y de nuevo El Señor habla acerca de una persona algo que despierta interés. CALEB, otro de los hombres de la Biblia que nos hace subir las cejas, respirar profundo y también preguntarnos, que lo hizo diferente?. Al leer descubrimos lo que DIOS dice de

Caleb, nos dice que es su siervo, y hubo en el otro espíritu. Miremos como lo dice la versión de La Biblia de las Américas (LBLA) "...ha habido en él un ESPÍRITU DISTINTO (las mayúsculas son mías). Aquí podemos ver la similitud de lo que vimos en capítulos anteriores de este libro, y les quiero llevar a que pueda hacer la comparación entre la actitud de rebelión del pueblo de Israel y la actitud de Caleb. Si vamos a tomar la palabra de DIOS, la Biblia como nuestro manual de fe y conducta debemos examinar con detalles lo que está envuelto en la conversación donde Jehová exalta a Caleb. El capítulo trece nos muestra que Moises envió a doce espías a reconocer la tierra de Canaán, a ver como era la tierra, si era buena o mala, si era fértil o estéril, si había arboles o no los había y a tomar frutos de allí. (Números 13: 17–20) Al leer las palabras de los espías que fueron enviados a ver la tierra, entre los cuales se encontraba Caleb, hay unas palabras que ellos mencionan que provocaron a que el pueblo se rebelara, trasmitieron al pueblo algo de los que a ellos no se les había encomendado. No quiero dejar pasar esta porción bíblica, que nos muestra lo que los espías dijeron y que levantó la motivación a la rebelión, leamos:

> «Mas los varones que subieron con él, dijeron: No podremos subir contra aquel pueblo, porque es más fuerte que nosotros. Y hablaron mal entre los hijos de Israel, de la tierra que habían reconocido, ...
> ...También vimos allí gigantes, hijos de Anac, raza de los gigantes, y éramos nosotros, a nuestro parecer, como langostas; y así les parecíamos a ellos.»
>
> Números 13:31–33 RVR1960

Hay claridad en este episodio, los espías trajeron un reporte donde hablaban mal entre los israelitas, y observemos con atención lo que ellos dicen de los habitantes de aquella tierra, dicen "son raza de gigantes y éramos nosotros, a nuestro parecer, como langostas; y así le parecíamos a ellos". Veámoslo cómo está escrito, así en blanco y negro, 10 de los 12 espías llegaron atemorizados y con sus palabras trasmitieron el espiritu del temor al resto de los hijos de Israel. El espíritu de temor les hizo creer algo que ellos no tenían ningún fundamento para decirlo, es el espíritu de temor que nos hace exagerar los obstáculos al punto que dijeron "a nuestro parecer" (suena como: -me parece que somos insignificantes) y esta declaración es peor, "y así le parecímos ellos". Como? Y de donde sacaron esa conclusión? Quien les dijo que los habitantes de aquella tierra los veían a ellos como langostas? Pudieron ellos oír eso o solo era su imaginación? Me atrevo a creer que el temor se apoderó de ellos, y cuando el espíritu de temor toma el dominio de nuestras creencias entonces vemos lo que no es cierto como una realidad. De nuevo vemos el espiritu del temor en acción.

No nos olvidemos de Caleb, quien junto a Josue fueron parte de la comisión, quienes con los otros diez espías, caminaron y vieron lo mismo y sin embargo su reporte fue distinto. Allí entendemos la declaración que Jehová hace con relación a Caleb, diciendo que hubo en él un espíritu distinto.

Con el deseo que esto con lo que vamos a concluir este capítulo le motive a tener un tiempo de oración, pidiéndole a DIOS que podamos copiar esta confianza de Caleb que nos queda totalmente demostrada en estas palabras que Caleb dice 45 años después de la conversación entre Jehová y Moises, por favor léala y saque sus conclusiones sobre "hubo en el un espiritu distinto". Le confieso que al yo leer estas palabras de Caleb me provoca deseo de llorar, aquí están esas palabras:

> «Y los hijos de Judá vinieron a Josué en Gilgal; y Caleb, hijo de Jefone cenezeo, le dijo: Tú sabes lo que Jehová dijo a Moisés, varón de Dios, en Cades-barnea, tocante a mí y a ti. Yo era de edad de cuarenta años cuando Moisés siervo de Jehová me envió de Cades-barnea a reconocer la tierra; y yo le traje noticias como lo sentía en mi corazón. Y mis hermanos, los que habían subido conmigo, hicieron desfallecer el corazón del pueblo; pero yo cumplí siguiendo a Jehová mi Dios. Entonces Moisés juró diciendo: Ciertamente la tierra que holló tu pie será para ti, y para tus hijos en herencia perpetua, por cuanto cumpliste siguiendo a Jehová mi Dios. Ahora bien, Jehová me ha hecho vivir, como él dijo, estos cuarenta y cinco años, desde el tiempo que Jehová habló estas palabras a Moisés, cuando Israel andaba por el desierto; y ahora, he aquí, hoy soy de edad de ochenta y cinco años. Todavía estoy tan fuerte como el día que Moisés me envió; cual era mi fuerza entonces, tal es ahora mi fuerza para la guerra, y para salir y para entrar. Dame, pues, ahora este monte, del cual habló Jehová aquel día; porque tú oíste en aquel día que los anaceos están allí, y que hay ciudades grandes y fortificadas. Quizá

Jehová estará conmigo, y los echaré, como
Jehová ha dicho.»

                              Josué 14:6–12 RVR1960

Concluyo este capítulo nueve diciéndoles que al leer esas
palabras de Caleb, no queda ninguna duda que él tomaba a
DIOS en serio. Para Caleb todo lo que Jehová decía era una
garantía, Jehová lo dijo y Jehová lo cumple.

Caleb vivió con un llamado de altura, pues hubo en el un
espíritu distinto.

Capítulo Diez

El propósito del Ministerio del Señor Jesucristo

«Vino a Nazaret, donde se había criado; y en el día de reposo entró en la sinagoga, conforme a su costumbre, y se levantó a leer. Y se le dio el libro del profeta Isaías; y habiendo abierto el libro, halló el lugar donde estaba escrito: El Espíritu del Señor está sobre mí, Por cuanto me ha ungido para dar buenas nuevas a los pobres; Me ha enviado a sanar a los quebrantados de corazón; A pregonar libertad a los cautivos, Y vista a los ciegos; A poner en libertad a los oprimidos; A predicar el año agradable del Señor. Y enrollando el libro, lo dio al ministro, y se sentó; y los ojos de todos en la sinagoga estaban fijos en él.»
S. Lucas 4:16–20 RVR1960

Esa porción de las Sagradas Escrituras que estoy tomando para comenzar este capítulo diez es un pasaje bíblico que deberíamos memorizar y cada cierto tiempo poder repetirlo, pues allí se encuentra el fundamento de nuestra victoria como seguidores del Señor Jesús. En mis batallas que como persona he tenido que enfrentar en contra del temor, yo tengo que reconocer que sin el Señor nada podría haber logrado, han sido situaciones para mí difíciles, noches sombrías, horas despierto en las noches sin poder conciliar el sueño, de manera que no tengo dudas que todo lo que soy y todo lo que tengo, se lo debo a mi Señor Jesucristo. Estas palabras que leímos del Evangelio de Lucas me apasionan, pues esa es la misión por la que Jesús vino al mundo, a libertar a los cautivos. Gloria al Padre Eterno por su hijo Jesucristo!

Esas palabras fueron escritas proféticamente muchos años atrás, antes de este episodio en la sinagoga, fueron escritas por el profeta Isaias; muchos años después de escritas, el Señor Jesucristo entra a la sinagoga, toma el rollo de las escrituras y lee este mismo pasaje profetizado por Isaias en el capítulo sesenta y uno y los versículos uno y dos:

> «El Espíritu de Jehová el Señor está sobre mí, porque me ungió Jehová; me ha enviado a predicar buenas nuevas a los abatidos, a vendar a los quebrantados de corazón, a publicar libertad a los cautivos, y a los presos apertura de la cárcel; a proclamar el año de la buena voluntad de Jehová, y el día de venganza del Dios nuestro; a consolar a todos los enlutados;»
>
> Isaías 61:1–2 RVR1960

Esa porción del profeta Isaias se encontraban escritas en un pergamino escrito a mano, guardado en la sinagoga, y en la reunión de ese día le correspondía a Jesús ser el lector asignado; así que el Señor Jesús se puso de pie para comenzar su lectura, recibe el pergamino que contenía la porción que estamos leyendo en los versículos anteriormente mencionados, que hablaban proféticamente de Cristo. Para este preciso momento tan especial, debemos recordar quienes estaban alrededor viendo y escuchando a Jesús, estaban en la sinagoga, el lugar donde se realizaba las reuniones de los judios, probablemente con una gran asistencia y todos con la atención puesta en Él, con seguridad creo que los asistentes conocían estas escrituras proféticas de Isaias, posiblemente algunos la sabían de memoria, así que, el que ellos oyeran "El Espíritu del Señor está sobre mi..." no tenia nada de particular, así lo decía textualmente el rollo, entonces escuchar las palabras "...me ha ungido para dar ... sanar... pregonar... poner... predicar..." todo está bien hasta allí, Jesús termina de leer y entonces enrolla el libro, se lo entrega al ministro y se sienta, ahora este detalle me deja pensando, el evangelista Lucas nos dice que entonces Jesús se sienta "y los ojos de todos en la sinagoga estaban fijos en él" (Vr. 20). Y el Señor Jesús aprovechando ese preciso momento de interés les dice esto: HOY SE HA CUMPLIDO ESTA ESCRITURA DELANTE DE VOSOTROS. (Vr.21, las mayúsculas son mías). Jesús se proclamó como aquel que haría que estas buenas noticias se hicieran reales, eran las buenas noticias que el pueblo estaba necesitando, sin embargo el versículo 28 de este mismo capítulo de Lucas nos dice que al oír estas cosas que Jesús proclamó, todos en la sinagoga se llenaron de ira y levantándose, le echaron fuera de la ciudad. Ni siquiera le aceptaron como profeta en

su pueblo, y quisieron arrojarle por un despeñadero, pero
él pasó por en medio de ellos y se fue. (Vr. 30). Me causa
curiosidad la forma como aconteció este hecho, de como el
Señor Jesús sale de esta situación, me lleva a imaginarme a
la multitud airada, quiere despeñarle, una multitud, todos
airados, decididos a empujarle al vacío y sin mas detalles, él
pasó por el mismo medio, y se fue; discúlpenme, pero me
provoca risa; y entonces sabemos que Jesús se fue. Listo. Se
fue. Mas nada, solo se fue.

Bueno, creo que es suficiente, ahora vamos a prestarle
atención a lo que aún es mas importante, a donde se fue?
Bueno al darle seguimiento a la narración de los hechos de
los Evangelios, podemos saber a donde se fue. Les menciono
algunos lugares y acontecimientos para continuar nuestro
estudio, el Evangelio de Lucas nos dice que descendió Jesús
a Capernaum y allí enseñaba en los días de reposo, y les
hablaba con autoridad, también un hombre que tenia un
espíritu de demonio inmundo comenzó a gritar diciendo:
"que tienes con nosotros, Jesús nazareno? Has venido
para destruirnos? Yo te conozco quien eres, el Santo de
Dios." (Lc. 4:34). Mientras los Judios se enfurecían con él y
lo consideraban un blasfemo, los demonios le reconocían
como el Santo de Dios. También nos dice el relato bíblico
que salió de la sinagoga y entró a la casa de Pedro donde su
suegra tenia una gran fiebre y Jesús reprendió la fiebre y la
fiebre la dejó. Le traían enfermos de diversas enfermedades
y ponían las manos sobre ellos y los sanaba, también echaba
fuera los demonios de muchos, predicaba en Galilea, sanaba
a ciegos, paraliticos, leprosos, perdonaba a los pecadores y
muchos acontecimientos más que me permite asegurarle
a usted como lector, que después de decir: "El Espiritu del

Señor está sobre mí y me ha ungido para dar ..." entonces salió y se fue a demostrar con hechos lo que con la palabra les había dicho "hoy se ha cumplido esta Escritura delante de vosotros". Quiero que reciba esta verdad inequívoca, que ha sido mi lema de vida por muchos años y es que no hay nada que convenza más que los resultados. Jesús lo había dicho y ahora los resultados lo demostraban, el propósito de su ministerio terrenal estaba siendo visible y su fama se extendía por todos los lugares de los contornos. Hechos y palabras, no solo palabras, por eso quiero que si lo desea marque estas palabras NO HAY NADA QUE CONVENZA MÁS QUE LOS RESULTADOS. Y Nuestro Señor y Salvador Jesucristo lo demostró en su ministerio acá en la tierra y lo sigue demostrando hoy sobre los creyentes, y voy a terminar con uno de los propósitos de la Unción de Cristo sobre su iglesia: "A PONER EN LIBERTAD A LOS OPRIMIDOS".

Ese es uno de los propósitos del ministerio de Cristo a la Iglesia actual, poner en libertad a los oprimidos. Usted tiene el derecho legal como hijo o hija de Dios a recibir ese beneficio comprado por Nuestro Señor Jesucristo, usted puede y tiene que ser libre de la opresión. La opresión se define como el acto de someter o humillar a alguien, el termino es asociado a un verdugo a un tirano con el propósito de que no alcance sus deseos o anhelos. Y eso me hace recordar las palabras de Jesús en el Evangelio según San Juan en el capítulo 10 y en el versículo diez:

> «El ladrón no viene sino para hurtar y matar y destruir; yo he venido para que tengan vida, y para que la tengan en abundancia.»
>
> Juan 10:10 RVR1960

Por ser un ministro del evangelio por muchos años y tener que atender diferentes creyentes en mi labor pastoral, puedo decirle que he escuchado historias muy tristes que a cualquiera lo hacen llorar, tener personas al frente contando sus situaciones donde se puede apreciar su desconocimiento de verdades espirituales, y debido a eso les lleva a estar oprimidos e incapaces de poder experimentar la vida abundante. Es mas doloroso cuando la persona lo cree como el plan de Dios para su vida, y luego hasta lo considera como parte normal de la vida cristiana. Tengo que dejarle claro mi posición con relación a este punto, no acepto fácilmente que alguien me manifieste que un creyente en Cristo, un hijo de Dios comprado con precio, no de oro ni plata, sino comprado con la sangre de Jesucristo en la cruz, viva una vida de ruina en diferentes áreas y por prolongado tiempo, no creo que es la vida abundante que Jesús ofrece. Y le exhorto a que reciba esta verdad bíblica escrita por el escritor del libro de los Hechos en el capítulo 10 y en el versículo treinta y ocho:

> «cómo Dios ungió con el Espíritu Santo y con poder a Jesús de Nazaret, y cómo este anduvo haciendo bienes y sanando a todos los oprimidos por el diablo, porque Dios estaba con él.»
>
> Hechos 10:38 RVR1960

La opresión es atribuida al diablo, y el propósito del ministerio de Cristo es sanar a los oprimidos, y el texto nos dice que Jesús de Nazaret estuvo haciendo bienes, entonces en medio de su situación usted tiene el derecho de pedir a Dios el cumplimiento de esa palabra en su vida. Hágalo hoy mismo.

Tenemos los precedentes. Hoy es el primer día del resto de sus días. Le exhorto nuevamente por la Palabra escrita de Dios, la Biblia que no acepte la derrota, el dolor, la opresión, el temor y sus consecuencias como parte del plan de Dios para su vida. Leamos este pasaje adicional en Primera carta de Juan capítulo tres versículo ocho que nos dice:

> «El que practica el pecado es del diablo; porque el diablo peca desde el principio. Para esto apareció el Hijo de Dios, para deshacer las obras del diablo.»
>
> 1 Juan 3:8 RVR1960

Para los que hemos recibido a Cristo como Señor y Salvador y no practicamos el pecado, observe, no dice que nunca pecamos, sino que no es una practica, que no es su estilo de vida, no es una vida que se deleita en el pecado sino que vive anhelando agradar a Dios, entonces para nosotros hay una garantía, que El Hijo de Dios, Jesucristo, apareció para deshacer, para destruir las obras del diablo. Eso es lo que creemos y eso es lo que importa. Somos su pueblo, y no estamos llamados a vivir en temor. Créalo! Háblelo! Viva bajo ese beneficio alcanzado por nuestro Señor Jesucristo. DIOS ESTÁ CON NOSOTROS!

HAGAMOS ESTA ORACIÓN, SI EL LUGAR SE LO PERMITE Y SI ASI USTED LO DESEA, PÓNGASE DE RODILLAS COMO SEÑAL DE RECONOCIMIENTO AL SEÑORÍO DE JESÚS EN SU VIDA Y DIGA ESTO EN VOZ AUDIBLE:

PADRE NUESTRO QUE ESTÁS EN LOS CIELOS, TE ALABO POR SER TU HIJO, Y TE DOY GRACIAS PORQUE TÚ PALABRA ES LAMPARA PARA MI CAMINAR CONTIGO,

TE ALABO PADRE POR JESUCRISTO, POR CONOCER QUE ÉL ES MI SEÑOR Y SALVADOR, Y QUIERO PEDIRTE QUE FORTALEZCAS MIS CREENCIAS DE TU PALABRA PARA ESTAR FIRME EN LA FE. QUE MI VIDA SEA UN TESTIMONIO A OTROS DE QUE TU ERES NUESTRO LIBERTADOR, SOY LIBRE DEL TEMOR EN CUALQUIER ÁREA, Y ME RINDO TOTALMENTE PARA ESCUCHAR TU VOZ, PORQUE TU PERFECTO AMOR ECHA FUERA TODO TEMOR. REPRENDO EN EL NOMBRE DE JESÚS TODO PENSAMIENTO NEGATIVO, TODO TEMOR, CUALQUIER CONFUSIÓN. CREO QUE POR TU PALABRA LA VICTORIA QUE TU ALCANZASTE PARA MI VIDA. TE DOY GRACIAS PORQUE A PARTIR DE AHORA MIS PENSAMIENTOS ESTÁN RENDIDOS A TI, GRACIAS PADRE POR SER TU HIJO, Y TODO ESTO TE LO PIDO EN EL NOMBRE DE JESÚS. AMÉN.

Me gustaría recibir su experiencia a través de un correo electrónico, puede escribirnos a pastoresmassi@aol.com. También puede agregarnos a su pagina de Facebook buscándonos como MINISTERIO RESTAURANDO LA FAMILIA.

Capítulo Once

Cambiando para ayudar a cambiar

Arribamos a nuestro último capítulo, y con los capítulos anteriores hemos desarrollado una forma de vivir a través de las instrucciones bíblicas para una causa digna de pelear, nuestro Dios Todopoderoso nos ha creado para que a través de nuestra experiencia con él podamos tener cambios en nuestra vida y ejercer una contribución para los que nos rodean. Así que no dependemos de nuestra astucia, ni conocimiento o capacidades, sino del poder de Dios que nos permite ganar todo enfrentamiento en contra de nuestro enemigo espiritual. Leamos estas palabras dichas por el Señor Jesucristo en el capítulo quince del evangelio según San Juan en el versículo cinco:

> «Yo soy la vid, vosotros los pámpanos; el que permanece en mí, y yo en él, este lleva mucho fruto; porque separados de mí nada podéis hacer.»
>
> Juan 15:5 RVR1960

Esas palabras debemos memorizarlas, hacerlas parte de nuestro estilo de vida, es el Señor quien nos provee la habilidad de operar en su poder, así que debemos mantenernos con esta convicción de sus palabras en todo lo que hagamos, sea de palabras o sean de hechos: "separados de mí nada podéis hacer". Nuestro centro de acción y atención es nuestro Señor Jesús. Es él quien nos capacita para que podamos tener cambios en nuestra vida y entonces ser instrumentos en sus manos para ayudar al cambio de otros. Somos cambiados por el Señor para ayudar a cambiar a otros. Es una verdad espiritual, damos por gracia lo que por gracia hemos recibido. El Apostol San Pablo nos dice en Efesios que somos hechura de Dios, creados en Cristo para buenas obras, las cuales Dios ha preparado con anticipación para que nosotros anduviésemos en ella.

DIOS nos va a mostrar su poder y probar quien es él para un mundo sin esperanza, hundido en el temor, y entonces nosotros vamos a ser usados para la libertad que ellos necesitan. Al ver lo que DIOS con su poder hace a través de nosotros, solo nos quedará reconocer que toda la gloria, es para el Señor, es la prueba del Señorío de Cristo sobre nosotros, reconocer que somos cambiados para cambiar a los que lo necesitan.

A medida que este mundo necesitado de DIOS sigue mirando los acontecimientos que siguen sacudiendo la seguridad, se llenarán de mas temor y de confusión. Para esos momentos los creyentes en Cristo que no vivimos por los pronósticos que escuchamos de los "expertos", sino que vivimos por la promesas que su Palabra nos dice, seremos esenciales en un mundo a la deriva. Pienso que es un escenario preparado para que la Iglesia cobre un protagonismo, demostrando que nosotros no vivimos en temor, que nuestras vidas son diferentes, y creo que podremos tener el resultado de una cosecha espiritual para la gloria de nuestro DIOS. Le animo a que salga de su apatía, y podamos aprovechar esta inestabilidad como el mejor momento para producir cambios en la vida de los no convertidos a través de los resultados que obtenemos nosotros a través de la vida de fe. Recuerde que NO HAY NADA QUE CONVENZA MÁS QUE LOS RESULTADOS.

Así llegamos al final de este ultimo capítulo (Cambiando para ayudar a cambiar), y tal ves se pregunte, ya terminó este libro? Si, así estamos por terminar. Es increíble, así pasa el tiempo, los segundos se convierten en minutos, los minutos en horas, las horas en días, estos se convierten en semanas, las semanas en meses y así se van los años y con ellos se va la vida, pero si tomamos cada oportunidad que se nos presenta para hablarles a otros de lo que DIOS puede hacer en sus vidas, entonces no hemos vivido en vano. Comprométase, a vivir para DIOS, a salir de su pozo de la desesperanza y mantenerse en contacto con una comunidad de fe que adora al Señor Jesucristo y sirven a DIOS con gozo que sea contagioso en medio de los días que nos ha tocado vivir. Esa es la forma como DIOS obra, nos cambia para ayudar a cambiar.

Quiero dejarte 7 pasajes bíblicos para que los memorices como parte de la estrategia espiritual que vamos a desarrollar. Léalos y permita que se hagan parte de usted, repítalos cada vez que tenga la oportunidad y así fortalecerse para vencer en todo terreno al verdugo llamado temor.

1.- «Porque todo lo que es nacido de Dios vence al mundo; y esta es la victoria que ha vencido al mundo, nuestra fe.»

1 Juan 5:4 RVR1960

2.- «de manera que podemos decir confiadamente: El Señor es mi ayudador; no temeré Lo que me pueda hacer el hombre.»

Hebreos 13:6 RVR1960

3.- «El temor del hombre pondrá lazo; Mas el que confía en Jehová será exaltado.»

Proverbios 29:25 RVR1960

4.- «Mas a todos los que le recibieron, a los que creen en su nombre, les dio potestad de ser hechos hijos de Dios;»

S. Juan 1:12 RVR1960

5.- «Mas el justo vivirá por fe; Y si retrocediere, no agradará a mi alma. Pero nosotros no somos de los que retroceden para perdición, sino de los que tienen fe para preservación del alma.»

Hebreos 10:38–39 RVR1960

6.- «No temas, porque yo estoy contigo; no desmayes, porque yo soy tu Dios que te esfuerzo; siempre te ayudaré, siempre te sustentaré con la diestra de mi justicia.»

Isaías 41:10 RVR1960

7.- «En el amor no hay temor, sino que el perfecto amor echa fuera el temor; porque el temor lleva en sí castigo. De donde el que teme, no ha sido perfeccionado en el amor.»

1 Juan 4:18 RVR1960

Conclusión

Después de varios meses de publicar mi tercer libro titulado VIVIR POR FE me encontraba junto a mi esposa en el Estado de Louisiana, en la ciudad de New Orleans impartiendo unas conferencias en un retiro matrimonial, al tener la primera pausa nos encontrábamos mi esposa y yo en el lobby del hotel donde se realizaba la actividad, cuando una dama de las participantes se acerca a la mesa donde estaban nuestros libros para la venta y tomando en sus manos una copia del libro VIVIR POR FE, me miró y me hizo esta pregunta: Este libro lo escribió usted? -Si, le respondí, agregándole la información que los cuatro títulos de libros que estaban sobre la mesa eran nuestros. Me siguió mirando y me dijo: "Este libro fue mi acompañante durante un tiempo que estuve presa, nunca me imaginé que podría tener la oportunidad de agradecerle personalmente la ayuda que me dio a través de estas enseñanzas de vivir por fe. El libro me lo pasó otra mujer que estaba presa, y no el libro, solo nos daban unas fotocopias que sacaban completas del libro, pero no el ejemplar". Luego me dijo: -Aunque lo leí muchas veces mientras estaba presa, hoy quiero cómpraselo para tener la copia con la carátula. Este libro me sirvió dentro de los momentos difíciles que tuve que pasar allí dentro. Que gozo es escuchar algo como eso!

Cuando con la bendición del Señor, UN VERDUGO LLAMADO TEMOR, esté ya publicado y en venta, no se si pueda llegar de nuevo a una carcel, pero sea donde sea que este material pueda llegar, mi mayor satisfacción es saber que fue útil para alguien que lo necesitaba.

Ya he terminado este libro, no me ha sido fácil hacerlo, pues debo reconocer que muchos momentos mientras tomaba el tiempo para escribir me enfrentaba a las noticias que informan sobre el número de contagios del COVID–19 o Coronavirus, el número de muertes producidas por este virus y lo mas impactante ver las gráficas de proyección que esperan de más contagio y de más muertes, esas informaciones en ocasiones me desanimaban y no me permitía el fluir de las ideas, luego con la fortaleza del Señor me reponía y continuaba y de nuevo venia a mi mente esas molestas preguntas: Vale realmente el esfuerzo de seguir escribiendo? Ayudará este nuevo libro a producir cambios en las vidas de los lectores? Y de nuevo recordaba el testimonio de la dama que estuvo presa y entonces veía la importancia que tiene para mi esos testimonios.

Ha sido un tiempo bien invertido? Bueno, si para usted le lleva en medio de tantas noticias a fortalecerse, entonces podré decir que fue un valioso tiempo. Hoy veo los titulares y entre los de más interés debido al temor de los ataques armados nucleares, se encuentra qué hay un gran misterio sobre la condición de salud del líder norcoreano KIM JONG UN, (he leído noticias que dicen que no pudo sobrevivir de la cirugía cardiovascular, pero no sé si esta confirmado) lo que produce un efecto de más incertidumbre, pues de no poder continuar se cree qué hay una gran posibilidad que la sucesora sea su hermana, entonces ella por su condición de mujer, para no mostrar ninguna debilidad y dejar ver que el poder de Corea del Norte sigue vigente, entonces piensan los analistas, que su sucesora comience con un test nuclear, algo que el mundo tal y como se encuentra no lo necesita, es como añadirle más leña al fuego.

Leo y escucho las noticias y me convenzo que este tiempo invertido en este libro para compartir verdades útiles de la Palabra Eterna de Dios va a rendir sus frutos. Por favor no deje que nada lo detenga, siga adelante en su fe pues la mejor noticia es que NO ESTAMOS SOLOS.

ALELUYA! GLORIA AL SEÑOR JESUCRISTO POR SU VICTORIA OBTENIDA PARA NOSOTROS.

Pastor J Antonio Massi.

Libros publicados por el
Ministerio Restaurando la Familia

Yajaira J. Massi

Prólogo J. Antonio Massi

Un hueco en el vacío

Todos tenemos conflictos, especialmente
conflictos emocionales

Ministerio Restaurando La Familia

J. ANTONIO MASSI

PRÓLOGO DR. LUIS ÁNGEL DÍAZ-PABÓN

Un **Misterio** llamado

Matrimonio

Ayuda para descubrir principios bíblicos para el éxito matrimonial

J. Antonio Massi

PASIONES ST.

SABIDURIA AVE.

G PS

GUIA PROVERBIAL DE SABIDURIA

Instrucciones Precisas para su Destino Final

www.restaurandolafamilia.com

J. Antonio Massi

Vivir por Fe

Viviendo Sobre los Pronósticos de la Vida

MINISTERIO RESTAURANDO LA FAMILIA

Printed in the United States
By Bookmasters